예수의 감추어진 생애

정경균

예수의 감추어진 생애

편저자 정경균
발행인 이헌숙
디자인 김학용
편집 김선, 권혜수
펴낸곳 주)휴먼컬처아리랑 & 도서출판 생각쉼표
등록번호 132-82-1-87282
주소 서울시 마포구 토정로 222 한국출판콘텐츠센터, 313호
전화 070-8822-2220
팩스 (02) 784-4111
홈페이지 휴먼컬처아리랑.kr
E-mail kkc34@hanmail.net

초판 1쇄 인쇄 2016년 11월 1일
초판 1쇄 발행 2016년 11월 1일

※ 값은 뒤표지에 있습니다.
※ 잘못된 책은 본사나 서점에서 바꾸어 드립니다.

예수의 감추어진 생애

정경균

생각
심표 (주)휴먼컬처아리랑

■ 추천의 말씀

예수의 감추어진 생애

정경균 박사는 『바이블 속에 숨어있는 살인과 음란』이란 책에서 유대교의 신, 여호와는 사악하고 복수심이 많으며 비윤리적이고 그의 잔인함을 폭로하고 『여호와 하나님의 범죄』라는 책에서는 윌리암 슐츠의 이름을 빌려 여호와의 평화, 전쟁, 인간성에 대한 악랄한 범죄를 국제법에 의해 온 천하에 고발하더니 이번에는 『예수의 감추어진 생애』라는 책에서는 예수 삶의 진실을 밝히고 있다.

기독교는 예수라는 한 위인을 신격화하고 그의 삶을 신화화하여 우리의 진실한 신앙을 왜곡하고 있다. 아버지 없이 태어난 예수의 처녀탄생, 5병2어로 5,000명을 배부르게 먹게 한 사건, 물 위를 걸은 초인적인 분이 빌라도의 재판이 결정되자 겟세마네 동산에서 "될 수만 있으면 이 쓴 잔을 면하게 해 달라."고 빌던 나약한 예수, 십자가상에서는 "아바, 아버지여 어찌하여 나를 버리시나이까." 하고 하나님을 원망하면서 죽어 간 예수, 부활하였다면 지상에서 자기를 괴롭힌 악을 물리치고 오신 뜻을 이루어 하나님의 나라, 평화의 세계를 창건했어야 할 초인 예수는 어디 가고 오늘 세상을 이 지경으로 만들었는지 이해할 수 없다.

고등종교로 자처하는 기독교도 이성을 허용하지 않는나. 기독교 신앙에 대해서 요한 괴테는 "신앙은 지식의 시작이 아니라 끝이다."라고 했고, 벤자민 디스렐리도 "지식이 끝나는 곳에서 종교가 시작된다."고 하지 않았던가? 그래서 프랑스 철학자, 마르퀴 드 콩도르세(Marquis de Condorcet)는 "기독교는 잘 다듬어지고 체계적인 미신이다."라 했고, 토마스 제퍼슨도 "최근에 나는 세계적으로 잘 알려져 있는 신화(미신)들을 연구해 보았지만 우리 기독교가 다른 신화에 비해 더 낫다는 점은 발견하지 못했다."고 고백하였다.

인간 예수의 신격화 작업은 신본주의 암흑시대 3위1체 교리에서 유래된다. 이 애매모호한 교리가 수많은 이단을 만들어 내고 숱한 마녀사냥으로 귀한 생명을 희생시켰다. 이에 기독교 가정에서 태어난 계몽시대 인본주의 철학자들-베이컨, 데카르트, 칸트, 헤겔-은 신의 문제를 이성으로 해결하려 했고 끝내 니체는 그 신이 죽었다고 선언하는가 하면 포이에르 바하는 사람이 자기 형상대로 신을 만들었다고 말하고, 칼 마르크스는 신은 원래 없었다고 주장하며 종교는 인간을 비인간화시키는 아편이라고 혹평하게 되었다.

오늘 우리는 예수 신앙에 대한 혹독한 비판을 면하기 위해 성서고등비평은 아니더라도 교회의 편견과 아집을 버리고 역사적인 예수, 인간 예수, Bona fide(True)한 예수를 찾아야 한다. 그런 의미에서 기독교 가정에서 태어나서 기독교 교육을 받아 기독교 신앙 문제를 심각하게 고민해 온 정경균 박사의 이번 『예수의 감추어진 생애』작업은 기대할 만한 가치가 있다고 보아 여기 추천의 말을 적어 본다.

이제희 목사(신학박사)

■ 머리말

이 책을 왜 내야만 하는가

　세상의 모든 위인과 의인의 생애는 각색되고 편집되고 미사여구로 꾸며지게 마련이다. 높이 들어 세우는 데 방해되는 생애의 일부 진실은 모두 감추는 것이 통례이다. 특히 예수의 생애에 대해서 알려진 것은 극히 일부분에 지나지 않고 기독교인들이 믿고 있는 예수의 생애 대부분은 꾸며진 것이다. 성경이나 신학 서적 어디에도 예수의 13세부터 29세까지의 생애에 대해서는 단 한 글자도 언급이 없다. 왜냐하면 그 사실을 밝히면 예수는 예수가 될 수가 없고 더구나 그가 하나님의 독생자라는 말을 할 수가 없기 때문이다. 그리고 그가 십자가에 못 박혀 죽었다고 전제해 놓고 기독교를 만들었기 때문에 그가 33세에 십자가에서 죽은 것이 아니고 그의 아내 막달라 마리아와 그의 자식들과 로마군의 보호 하에 프랑스로 망명해서 84세에 죽었고 지금까지도 이 세상(프랑스와 영국 등 유럽 각지)에 예수의 후손 8대 문중이 존재하고 있다는 사실이 알려지면 기독교는 존립이 될 수 없기 때문이다.

그래서 지금 현재 유럽에서는 기독교가 '망했다'고 인터넷이 소개하는 모든 서적들이 공언하고 있는데 이것은 모두 사실이다. 책을 한 권 다 쓸 필요도 없이 예수의 생애에 대해서 양심적으로 한 마디로 표현하라면 "기독교가 말하는 예수의 생애는 100% 거짓말이다." 이 한 구절로 족한 것이다. 그러나 그를 구세주로 믿고 있는 수많은 기독교인들을 깨우치고 잘못된 기록들을 바로잡으려면 부득이 객관적 사실들을 증거로 남기기 위해서 책 한 권은 절대적으로 필요하게 된다.

이 책은 2,000여 년 전 미신이 인간을 지배할 때에 만들어지고 꾸며져서 2,000여 년 간이나 인간들을 속여 온 사실을 대명천지 과학시대에 까밝히는 데는 엄청난 객관적 자료와 사명감이 필요하다. 섣불리 도전하고 함부로 덤벼들 일이 아니다. 그러나 진실을 알고서도 입을 다물고 있는 것은 전 인류에 대한 배신이고 직무유기라는 준엄한 양심의 채찍질을 받게 된다. 진실을 알게 된 자에게 부여되는 역사적 소명이라는 깨달음을 외면할 수가 없고 역사를 두고 감추어져 왔던 거짓들을 바로잡는 역사적 교정 작업에 동참하지 않을 수 없는 것이다. 이 책은 역사가 명령하고 인류의 양심이 명령해서 부득이하게 집필하게 된 것임을 강조해 둔다.

이 책이 세상에 나가면 수많은 기독교인들, 특히 일부 맹신도들로부터 돌팔매질을 당할 것이 분명하다. 어쩌면 이 한 목숨이 위태로울 수도 있다. 순교를 각오하지 않고서는 도저히 이 글을 쓸 수가 없다는 현실도 훤히 알면서 집필하는 것이다. 목숨과 바꾸는 책이다.

목 차

- 추천의 말씀 · 4
- 머리말 · 7

제 1 장 | 예수의 청소년 시절 · 13

제1절 크리스마스는 예수의 생일이 아니다 · 15
제2절 예수의 이름들과 사상적 배경 · 17
제3절 예수는 누구의 아들인가? · 19
제4절 예수의 형제들 · 27
제5절 예수는 왜 가족 몰래 가출을 했나 · 30
제6절 예수의 불교 법명은 이사(ISSA) 스님 · 32
제7절 예수의 조국 이스라엘 백성은 노예민족이다 · 37
제8절 초기 기독교의 형성과 성경의 역사 · 42

제 2 장 | 예수는 84세에 프랑스에서 죽었다
(영국 BBC 방송 보도) · 45

제1절 BBC 취재의 착수 · 47
제2절 영국 신·구교가 합동으로 BBC를 법원에 소송 · 50
제3절 영국 대법원의 판결 · 51
제4절 담당 판사는 3대째 독실한 기독교인 · 53
제5절 한국 언론의 보도 · 55
제6절 유럽에서는 기독교가 거의 사라졌다 · 57

제 3 장 | 예수의 아버지 하나님의 정체 · 61

제1절 예수는 하나님의 독생자(?) · 63
제2절 성경이 말하는 예수의 아버지 · 64
제3절 예수 아버지의 인간 살상 방법 · 67
제4절 예수 아버지의 살인 전과 기록 · 75
제5절 예수 아버지의 어린이 학살 · 79
제6절 구약 저자들이 고발하는 예수 아버지의 범죄기록 · 87

제 4 장 | 예수는 표절(剽竊)의 귀재 · 99

제1절 어릴 때 배우면 귀신이 된다 · 101
제2절 배우지 말았어야 할 술수 · 104
제3절 표절의 기술 개시 · 107

제 5 장 | 성현들이 말하는 예수와 기독교 · 117

제1절 모든 신앙인들의 공통점 · 119
제2절 컴퓨터는 기독교의 적(敵)인가 · 121
제3절 역사적 정치 지도자들이 지적하는 예수와 기독교 · 124
제4절 세계적 지성들이 지적하는 예수와 기독교 · 128
제5절 예수 가슴에 불상을 심어준 마니트라 스님 · 133
제6절 민희식 박사에게 발각된 예수의 표절 · 137
제7절 법화경과 신약성서의 뼈대가 하나 · 150

제 6 장 | 신구약성경의 올바른 이해 · 153

제1절 구약성경의 이해 · 155
제2절 신약성경의 이해 · 173

제 7 장 | 기독교 죄악사 · 177

제1절 존 칼뱅의 살인 행위 · 182
제2절 통계가 증명하는 천주교의 인간 살상 · 185
제3절 종교재판소라는 제도적 범죄 · 189
제4절 십자군의 범죄 · 192

제 8 장 | 사도신경은 미신 중의 미신 · 195

제1절 사도신경의 정체 · 197
제2절 전능(?)하사 천지를 만드신 하나님 · 200
제3절 하나님 아버지? · 203
제4절 그 외아들 예수 그리스도를 믿사오니 · 206
제5절 이는 성령으로 잉태하사 동정녀마리아에게 나시고 · 209
제6절 십자가에 못 박혀 죽으시고 사흘 만에 다시 살아나시며 · 210
제7절 하나님 우편에 앉아 계시다가 · 214
제8절 저리로서 산 자와 죽은 자를 심판하러 오시리라 · 217
제9절 죄를 사하여 주시는 것과 · 219
제10절 몸이 다시 사는 것과 영원히 사는 것을 믿사옵나이다 · 221

부록 | 223

† 여호와하나님 고소장(William Schultz) · 232
† 재 판 · 241
† 여호와하나님에 대한 판결 · 256

- 맺는 말: 인류 양심들의 공동 기도(인류의 평화와 사랑을 위하여) · 259
- 붓을 놓으면서 · 262
- 참고문헌 · 266

제1장

예수의 청소년 시절

제1장 예수의 청소년 시절

제1절

크리스마스는 예수의 생일이 아니다

　예수의 탄생 연도는 정확한 기록이 없다. 하물며 그 월일을 정확히 아는 것은 애초부터 불가능한 일이다.

　예수의 탄생 연도도 서기 525년 로마 교황의 명을 받은 디오니시우스라는 사람이 부활의 서라는 책을 쓰면서 예수가 기원 전 4세기경에 태어났다고 주장한 것을 664년 영국의 위트비 종교회의에서 채택한 것이다. 그 당시만 해도 인간이 태어날 때 아담의 원죄를 뒤집어쓰고 태어나는 것이기 때문에 출생을 의미 있는 것으로 보지 않고 기독교인들은 생일을 축하해서는 안 된다고까지 하였던 것이다. 기독교인들에게는 죽음이 진정한 구원이고 천당으로 가는 길이라고 믿었고 생일을 등한시했기 때문에 그 옛날 예수의 생일을 정확히 기록한다는 것은 불가능한 일이었다. 따라서 초기의 기록들 가운데는 천지창조가 3월 25일에 이루어졌고 예수의 생일은 3월 28일이다, 또는 4월 2일, 4월 19일, 5월 20일, 또는 따뜻한 봄날 등등 여러 설이 주장되어 오다가 로마에서는 12월 25일로 정하고 기념을 하기 시작했고, 동방의 교회들은 1월 6일 등 교회에 따라 각각 나름대로의 날짜를 예수 생일로 축하해 오다가 팔레스타인에 살던 신자들이 6세기 중엽에 12월 25일을 채택하였으나 아르메니아 교회는 아직까지도 6월 6일을 예수의 생일로 지키고 있다. 실은 12월 25일은 태양신교의 군신 미트라의 생일이다.

예수를 구세주로 믿는 기독교인들에게 있어서 그의 생일은 상당히 중요한 날이며 그의 출생과 관련된 여러 가지 에피소드들도 모두 이 날짜에 맞추어져 있기 때문에 '크리스마스가 예수의 생일이 아니다'고 말하는 자체가 지옥 갈 사탄의 주장으로 받아들여지고 있는 것이다. 이렇게 주장하는 것은 성경을 배반하는 것이고 예수 자체에 대한 모독으로 여기는 것이 기독교인들의 신앙의 중심이다. 어떤 한 날을 정해서 기념하면 되는 것이지 생일 여하에 따라 천국과 지옥

이 갈라지는 것은 아니기 때문에 기독교인들은 크리스마스에 너무 목 맬 필요는 없는 것이다. 크리스마스라는 말은 원래 고대 영어 크리스테스 마세(cristes masse)라는 말에서 유래한 것인데 예수를 위한 미사라는 뜻이라고 한다.

제2절

예수의 이름들과 사상적 배경

　　예수의 이름은 나라마다 문화마다 다르게 불리고 있다. 예수의 이름들은 각 민족이 사용하는 언어의 발음 상 특성에 맞게 각기 변형되어 불린다. 히브리어로는 예수(Jesus), 라틴어로는 이에수스(Iesus), 영어로는 지서스(Jesus), 이슬람권이나 불교 권에서는 이사(Issa) 또는 유즈 아사프(Yuz Asaf), 그리고 한자 음역으로는 야소(耶蘇)로 불린다. 인도에서는 불교 법명을 떠나 그를 부를 때는 유즈 아사프로 불렸다는데 이는 정화된 사람들의 지도자라는 의미를 가지고 있다는 것이다(민희식, 『법화경과 신약성서』, P.169).

예수는 처음부터 기독교적 신앙을 가진 것이 아니다. 그는 처음에 브라만교(Bramanism, 婆羅門敎/바라문교)를 배웠는데 브라만교가 계급차별제도(인도의 caste)에 안주하고 있는데 비해 불교는 처음부터 민족적 편협성을 넘어서 세계종교로서의 특성을 가진 데 감화를 받아 불교의 세계로 옮긴 것이라 한다. 그는 또 그 중간에 조로아스터교 와 미트라교(태양신교)의 교리도 익혔다는 주장이 있다(민희식).

신약과 많은 자료들에 의하면 예수가 현명하고 똑똑한 것만은 사실인 것 같다. 13살 어린 나이에 집을 나와서 멀고 먼 인도까지 가서 자기 육신의 아버지 요셉으로부터 배운 목수 일을 한 것이 아니고 라마교 사원과 불교 사원 등 종교 시설로 들어가서 구도 생활을 했다는 것 자체가 보통 어린이가 할 수 있는 길이 아니다. 비범한 어린이였다는 증거가 된다. 게다가 그는 또 운이 좋았다. 인도와 네팔의 사원에서 이사 스님으로 도를 깨우치는 동안 티벳의 라싸 사원의 주지 멘그스데(Mengsde) 스님이 당대 세계적인 성자로서 부처님의 도의 선구자이면서 특히 온갖 심령치료와 요술의 제1인자라는 사실을 알고 온갖 시련 끝에 험산준령인 히말라야 산꼭대기에 있는 라싸 사원을 찾아가 그의 수제자의 하나로 허락을 받았다. 거기서 정진한 결과 드디어 하나님의 아들로 나서도 손색이 없을 만큼 도(道)와 심령치료술에 달관하게 된다. 그는 또 멘그스데와 어깨를 나란히 하는 마니트라 스님으로부터 개인적으로 사사를 받을 수 있는 특권도 가지게 되었다. 예수를 예수답게 만들어 준 대표적인 스님은 이들 두 스님이라고 보아야 하는 것이다.

제3절

예수는 누구의 아들인가?

예수의 출생과 관련해서는 여러 가지 설들이 많다. 그 중에서 먼저 성경의 기록부터 보는 것이 순서일 것이다. 성경에 의하면 예수는 성령으로 잉태한 것으로 되어 있다. 국어사전을 보면 성령이란 하나님의 영혼을 이르는 말이라 하였다. 성경사전에서는 '창조주이신 하나님의 영'을 가리키는 용어, 삼위일체 하나님의 아버지이신 하나님, 아들이신 하나님(그리스도)과 구별되는 제3위격(位格 person)이라고 정의하고 있다. 이런 주장은 전기불도 없고 미신이 인간들을 지배하던 미개시대 암흑시대에서 주장된 설이다. 이것을 현대 과학적 용어, 즉 현대 의학적 용어로 풀이하면 하나님(제3위격 person)이 마리아와 동침해서 임신되었다는 말이 된다. 그래서 예수를 하나님의 아들이라고 주장하는 근거가 된다.

성경은 정경과 외경으로 구분되는데, 1615년 칸다베리 감독이었던 압보드(George Abbot)는 "성경에는 반드시 외경과 합본하여 발간할 것이며, 이를 어기면 1년간 징역에 처한다."고 포고하였다. 그만큼 외경도 무시할 수없는 경전의 하나이다. 이 외경에 적힌 예수의 탄생 에피소드를 수식 없이 이해하기 위해서 외경(성등사, 이상근 지음)의 44쪽의 글을 여기에 옮겨본다.

이 일이 일어났을 때 마리아는 십육 세였다..... 마리아가 육 개월째 되었을 때 요셉이 건축하다 집에 돌아와 그 녀가 잉태한 것을 발견하였다. 그리고 자기 얼굴을 치며 굵은 베 위에 몸을 던지고 심히 울며 말하기를 무슨 면목으로 주 하

나님을 뵐 수 있으리요. 나는 이 처녀를 위해 어떻게 기도하랴. 나는 그녀를 나의 주 하나님의 성전에서 받아들였는데…… 나를 계략에 올려놓은 것은 도대체 누구냐. 누가 내 집에서 이 악행을 저질러 이 처녀를 욕되게 하였는가. 혹시 아담에 일어난 일이 내게 돌아온 것은 아닐까. 아담이 찬미의 기도를 올리고 있는 사이 뱀이 와서 해와가 혼자 있는 것을 보고 그녀를 속였던 것처럼 이와 똑같은 일이 내게 일어났구나. 그런 다음 요셉은 굵은 베에서 몸을 일으켜 마리아를 불러 "하나님의 보살핌 가운데 있는 네가 어찌하여 이러 일을 저질렀단 말이냐. 너의 주 하나님을 잊어 버렸난 말이냐. 지성소에서 살며 천사의 손에서 음식을 받고 있던 네가 어찌하여 마음을 비천하게 먹었단 말이냐."라고 말하였다. 그 때 마리아는 몹시 울며 "나는 결백하며 또한 남자를 알지 못합니다."라고 말하였다. 그러자 요셉은 "그렇다면 네 뱃속에 있는 아이는 어디서 왔단 말이냐."라고 물었다.

(중략)

그 후 요셉은 몹시 두려워 그녀에게서 떠나 그녀를 어떻게 하면 좋을까 하고 골몰하고 있었다. 그리고 요셉은 말하기를 "만일 내가 그녀의 죄를 숨긴다면 나는 주님의 율법에 위반하는 자가 된다. 만일 이스라엘의 아들들에게 그녀를

보인다면 그녀의 뱃속에 있는 아이는 천사에 의해서 생긴 것으로 나는 죄 없는 피를 흘려 죽이게 한 자가 된다. 그러면 그 녀를 어찌하면 좋단 말인가..... 몰래 그녀와 헤어질 것인가? 신약 성경 마태복음 1장 18절과 19절에서는 "예수 그리스도의 나심은 이러하니라. 그의 어머니 마리아가 요셉과 약혼하고 동거하기 전에 성령으로 잉태한 것이 나타났더니..... 그의 남편 요셉은 의로운 자라. 그를 들어내지 아니하고 가만히 끊고자 하여 이 일을 생각할 때에..."(중략)

여기서 그 당시 유대 율법을 보면(신명기 24장 1절~2절) "사람이 아내를 맞이하여 데려온 후에 그에게 수치되는 일이 있음을 발견하고 그를 기뻐하지 아니하면 이혼 증서를 써서 그의 손에 주고 그를 자기 집에서 내보낼 것이요. 그 여자는 그의 집에서 나가서 다른 사람의 아내가 되려니와"라고 기록돼 있다.

결국 마리아의 의문의 임신 사건은 율법학자 안나스에 의하여 제사장에게 고발되었다. 거기서 제사장은 말하기를 "마리아야 어찌하여 이런 일을 저질렀느냐? 왜 네 마음을 비천하게 하여 네 주님이신 하나님을 외면하였느냐?"고 제사장이 심문하는 일까지 벌어졌던 것이다. 요셉 자신도 제사장

앞에서 자기는 순수하며 마리아와 동침한 일이 절대로 없다고 주장하였다. 그렇다면 마리아 뱃속에 있는 자식은 도대체 누구의 것이란 말인가? 2천 여 년 전 미개한 사회에서는 성령으로 잉태했다고 둘러대서 그게 통했고 기독교 광신자들에 의해서 신앙으로 지켜져 오고 있다. 지금은 인간이 달나라를 오가는 과학 시대, 이 대명천지에서 젊은 사람들, 명석한 인간들한테 먹혀들기 힘들다. 그래서 교회들, 특히 유럽의 교회들은 노인들만 있다고 해서 교회의 회색화가 급진적으로 진행되면서 교회 건물들은 술집이나 호텔 등으로 팔려나가고 있다.

예수의 잉태설에 관련하여 또 다른 설이 있다. 마리아의 언니가 스가랴라는 제사장의 아내였는데 언니가 임신해서 몸이 무거워지자 마리아가 언니를 도와주려고 언니 집에 가 있는 동안 제사장이 처제를 건드려 예수가 잉태되었다 해서 한 동안 예수의 이름이 스가랴로 불렸다는 설도 있다.

그리고 또 예수의 처음 이름은 판텔라(Pantela)라고 하였다는 기록도 있다. 판텔라는 로마 병정인데 당시 예루살렘을 점령하고 있던 로마군이었다. 그가 아리따운 마리아를 무척 사랑하여 예수를 잉태하게 되었다는 것이다. 그 당시 로마 병정들이 피점령지인 이스라엘 여성들을, 옛날 일본군인들이

제1장 예수의 청소년 시절 **23**

한국과 일본, 필리핀 등 점령지 여성들을 마구잡이로 겁탈할 때 그것을 면하려고 조기 결혼제도가 만연하였던 것처럼 마리아도 14세에 늙은 홀아비 요셉과 결혼을 하였으나 대목수인 요셉이 집을 지으려고 6개월 이상 집을 비우곤 하였다는 것이다. 그 틈에 판텔라가 마리아를 품에 넣곤 하였다는 것이다.

이처럼 예수의 잉태와 관련해서 많은 설들이 있는데 그 중 어느 설이 가장 신빙성이 있을까? 예수가 성령으로 잉태하였다는 얘기는 오늘날 대명천지에서는 유치원에서나 할 수 있는 얘기고 우리는 과연 어느 설을 가장 신빙성이 있다고 받아드릴 수 있을까? 1982년 이 지구상에서 가장 권위있다는 사법기관인 영국 대법원의 판결을 받아들이는 것이 합리적이고 이성적이다(출처: 성혈과 성배). 얘기인 즉 이렇다. 영국의 국영방송인 BBC에서 3회에 걸쳐 예수는 십자가에서 죽은 것이 아니고 로마군인의 호위 하에 예수 일가가 프랑스 남부로 피신하여 84세에 죽을 때까지 영국과 프랑스 등지에 8대 문중을 이룰 만큼 후손들이 많이 유럽 등지에 살고 있고 프랑스 남쪽 르몽드라는 야산에 예수의 무덤과 비석이 현존하고 있다는 사실을 보도하였다. 이 내용은 BBC의 민완 기자 3명이 10여 년이란 기간 모든 고증 자료와 현장을 취재해서 방송하자 영국의 신·구교가 공동으로 BBC를 영국 법원에 고소하게 되었고, 이 고소 사건은 하급심을 거쳐 대법원까지 올라오는 사이 영국의 매스컴을 통해 전 국민들에게 그 내용이 알려지게 되면서 영국과 프랑스에서는 기독교가 사그라들기 시작하였다. 그런데 대법원에서 이 사건을 맡은 주심 판사는 3대째 독실한 기독교인으로서 BBC 방송의 내용을 뒤집어 보려고 3년 여 기간 동안 막대한 예산과 인력을 투입하여 BBC방송 내용을 역추적해 봤으나 모든 게 방송 내용 그대로 사실임이 들어나 그 판사는 판결을 미루고 몹져누었었다. 질질 판결을 미루어 오다가 상부의 지시에 따라 부득불 판결을 하는 수밖에 없었다. 그 판결문은 'BBC방송에 보도된 내용은 모든 것이 사실이고, 예수는 판텔라의 아들이다'고 판결한 것이다. 이 재판정에 와 있던 많은 신부들과 성직자들, 수녀들은 옷을 찢고 비명을 질렀으며 그 자리서 많은 성직자들이 자살하는 등 소란이 일어났다. 이 판결문이 알려지자 영국 전체의 기독교인들은 교회를 떠나고 일부는 타종교로 개종하는 등 전국적으로 소란이 일자 영국 정부에서는 보도 관제를 선포하고 이미 시중에 나가 있던 (『성혈과 성배, HOLY BLOOD and HOLY GRAIL』) 이란 책자를 전부 걷어 드려서 불살라 버리고 재발행을 금지하였던 것이다. 이 사건과 판결문은 우리나라에서도 1982년 2월 20일자로 동아일보, 조선일보, 중앙일보, 서울신문 등 중앙지와 일부 지방지에서도 통면으로 대서특필 보도한 기록이 있다.

여기에서 잠깐 웃기는 얘기 한 토막 하고 넘어가야겠다. 김대중 종교의 광신도들은 예수의 출생과 관련해서 여러 가지 지저분한 설이 난무하는 것처럼 자기들 교주 김대중의 출생 경위와 연혁을 부끄럽게 생각지 않고 예수를 닮았다고 자랑까지 한다. 김대중의 어머니 장노도(후일 장수금으로 개명)는 18세에 옆 섬마을에 사는 제갈 성조(諸葛成祚)라는 사람에게 시집가서 딸 둘을 낳고 남자가 죽었다. 그러자 그의 형인 제갈 성복(諸葛成福)이 청상과부가 된 젊은 제수 집에 자주 들락거리다가 임신한 것이 김대중이다. 젊은 과부의 배가 불러오자 친구인 윤창언(尹昌彦)에게 중매를 해서 동거를 한 지 얼마 안 되어 사내 아이가 태어났다(김대중). 그의 이름은 윤대만(尹大萬 또는 윤 성만)이라고 불렀다. 몇 년 후 윤창언도 사망했다. 그러자 김대중의 생물학적 아버지인 시숙 제갈 성복이 제수에게 뻐리섬 선창가에 주막을 차려 주었다. 그 당시 발동선을 이용해서 생활용품 장사를 하던 김운식(金云植)과 눈이 맞아 동거를 시작했다. 윤대만이 7살이 되어 초등학교를 가기 위해 호적이 필요해서 김운식의 서자로 입적했다. 이 때 이름을 김대중(金大仲)으로 고쳤다. 당시 김운식은 부인 김순례(金順禮)가 있었으며 그 둘 사이에서 아들 대봉, 딸 매월, 안례, 용례 등 1남 3녀가 있었다. 이처럼 김대중의 이름이 여러 번 바뀌고 생물학적 아버지가 아리송하게 자꾸 바뀐 것이 마치 예수의 출생과 닮았다 해서 김대중 종교의 광신도들은 자랑으로 여긴다.

제4절

예수의 형제들

우리는 지금까지 살펴 볼 생각도 않고 마리아는 오로지 예수 하나만을 성령으로 잉태해서 낳은 것으로 두 눈 딱 감고 굳세게 믿어 왔다. 예수가 친형제가 있다고 말하면 예수와 마리아의 신성을 훼손하고 기독교를 훼방하는 행위라고 외면했다. 성경은 한 글자도 틀리지 않는다고 성경 무오설(無誤說)을 금과옥조로 믿는 신앙인들조차도 엄연히 성경에 활자로 찍혀있는 사실인데도 예수가 친 형제가 있다는 성경 구절들-마태복음 12장 46절, 마태복음 13장 55절~57절, 누가복음 8장 19절~21절, 요한복음 7장 1절~9절- 등 예수의 친 형제들에 관한 구절들에는 짐짓 애써 눈을 돌려왔다. 모르는 척 안 본 척 해 온 것이 사실 아닌가?

마태복음 12장 46절과 13장 57절을 보면 예수의 어머니와 세 동생(요셉, 시몬, 유다)은 성령으로 잉태했다는 친형, 제 자식을 믿지 아니하고 바로 밑의 동생 야고보만 믿었다고 분명히 적혀 있다. 예수 안 믿으면 지옥 간다는데 이들은 지금 어디 있는지 궁금하다. 성경대로라면 이들은 지금까지도 지옥에 있는 것이 맞다. 요한복음 7장 5절에서는 노골적으로 '그 형제들까지도 예수를 믿지 아니함이라'고 적고 있다. 그런데 마태복음 12장 48절~50절에서는 예수 자신이 자기 모친과 친동생들을 보고 "누가 내 모친이며 내 동생이냐."고 반문하면서 자기를 보러 온 자기 가족들을 대 놓고 부정한 것이다.

그 때 당시는 여성을 워낙 천시하였기 때문에 예수의 누이동생들도 여럿 있었다는 구절이 성경 여기저기에 나오는

데도 여동생의 숫자와 이름은 기록되지 않고 있다. 그리고 또 성경과 외경에 기록된 것을 보면 마리아는 14세 때 늙은 홀아비 요셉에게 시집간 것이고 요셉 자신이 자기는 전처소생이 여럿 있다는 것도 밝히고 있다. 그리고 보면 요셉 가정, 즉 예수의 가정은 대가족이었던 것이 분명하다. 그런데 가톨릭이야말로 자기들의 경전 성서를 비웃고 있고 21세기 과학 문명도 비웃고 있다. 역사의 시계 바늘을 두 주먹으로 억지로 거꾸로 돌리고 있다. 가톨릭은 옛날도 아닌 20세기 과학 시대에 들어와서 "성모 마리아는 예수 하나만을 성령으로 잉태하고 남자를 진혀 알지 못하는 동정녀 신분으로 죽은 후에 육신 승천했다."고 포고하고 이것을 신도들에게 믿으라고 강요하고 …. 또 신도들은 그걸 믿는 흉내를 내고 광신도들은 그대로 믿고 있다. 어둠 속에서도 눈을 꽉 감고 천당 가겠다고 교회에서 주장하는 것은 자기들 신앙으로 받들고 있다. 만화 같다고나 할까? 이렇게 우리들을 웃겨주고 있다.

신·구교 기독교인들에게 한 가지 묻는다. 예수가 친 형제가 있다고 말하면 기독교를 모독하는 것인가? 예수와 마리아의 신성을 훼손하는 행위인가? 가톨릭이 주장하듯 마리아는 오로지 예수 하나만을 성령으로 잉태하고 죽어서 육신 승천했다고 정말로 믿고 있는가?

제5절

예수는 왜 가족 몰래 가출을 했나

성경 어디에도 그리고 기독교 문헌 어디에도 예수의 13세부터 29세까지의 그의 생애에 대해서는 단 한 글자도 언급이 없다. 그걸 알게 되면 그는 하나님의 아들이 될 수가 없기 때문인가?

우선, 예수는 왜 그 어린 나이에 가족 몰래 가출해서 멀리 인도까지 갔을까? 마가복음 10장 36절에서 "사람의 원수는 집안 식구리라."고 한탄한 예수의 탄식과 무관하지 않은 것 같다. 성경학자들이나 주석학자들의 이 말을 어떻게 그럴싸하게 해석하는지는 모르나, 그의 어린 때의 가정환경으로 보아 그 어린 심정을 짐작할 수도 있을 것 같다. 신약외경에서 밝히고 있듯이 마리아는 14살 때 늙은 홀아비 요셉과 정혼해서 16세에 예수를 낳았다. 그러니 늙은이가 얼마나 황홀하고 행복했을까 짐작하고도 남는다. 그 수많은 전처소생들의 질투나 증오 따위는 고려의 대상도 될 수 없었을 것이다. 요셉은 대목수로서 한번 집을 떠나 집을 지으러 가면 반년 가량 집을 비우곤 했다지 않는가? 바로 이 때 그 전처소생들로서는 젊은 계모와 그가 낳은 동생을 형편없이 괴롭혔을 것이다. 그야말로 집안 식구가 원수인 셈이다. 오죽 정나미가 떨어졌으면 식구들 몰래 가출해서 다시는 돌아올 수 없고 가족들이 찾을 길 없는 멀고 먼 동방, 인도까지 대상들을 따라 그 어린 것이 정저 없이 노닝친 섯이라고 생각되고도 남는 얘기다.

제6절

예수의 불교 법명은 이사(ISSA) 스님

1887년 러시아의 언론인이자 저술가인 니콜라스 노토비치가 인도, 네팔, 티벳 지방을 여행하면서 인도 지방 7대 사원에 흩어져 있는 예수의 기록에 관한 수천 장의 양피지 두루마리를 발견하게 되었다. 그 기록들에 의하면 예수는 13세 때 가족 몰래 집을 나와 대상을 따라 멀찍감치 인도까지 가서 절간으로 들어가서 정착을 했다는 것이다. 동자스님이 된 것이다. 그는 이사(ISSA)라는 불교의 법명까지 받아 이사 스님으로 불교에 빠져들었다. 인도에서는 약 6년간 불경 공부를 한 듯한데, 석가모니의 가르침에 의하면 만인은 모두 평등인데 어째서 인도 사회에는 51개의 카스트가 있느냐고 카스트 타파를 외치다가 죽을 처지에 놓이자 그를 아끼던

인도 스님의 안내로 이웃 네팔의 절간으로 옮겨 가서 불교 수행을 거듭했다. 소문에 들자하니 티벳의 수도 라사에 있는 라사 사원의 주지스님 멘그스데라는 스님이 온갖 초능력과 심령 치료 등 초인간적 기적을 행한다는 말을 듣고 험산준령 티벳의 고원 라사 사원으로 찾아가 멘그스데의 수제자로 환영 받게 되었다. 그 사원에는 또 멩그스데와 거의 격을 같이 하는 것으로 보이는 마니트라라는 스님이 있었다. 민희식 교수에 의하면 예수는 이 마니트라라는 스님에게서 거의 개인적으로 불교의 이론과 온갖 영통술을 사사한 것으로 설명되고 있다. 이들은 예수에게 개인적 목적으로 그 초능력을 행사하면 안 된다는 것을 전제로 모든 것을 가르쳤다. 예수가 그들로부터 전수를 받은 초능력은 신통술, 차력술, 마술, 최면술, 축지법, 부양술, 요술, 그리고 부처님이 깨우쳤다는 육신통(六神通) 등등 온갖 기적의 기술을 약 6년간 집중적으로 연수하였다.

이들 중 육신통이라는 것이 어떤 것인지 그 내용을 알아보자. 육신통이란 완전한 선정과 삼매의 경지에서 얻어지는 여섯 가지 초자연적 능력이다. 어떤 일이 놀랍게 잘 될 때 신통하다고 하는데 바로 여기서 나온 말이라는 것이다. 여섯 가지 신통력이란 이렇다.

첫째 신족통(神足通) : 몸을 크게 하거나 작게 할 수도 있고, 또 물 위를 걷는 등 어느 장소에나 갈 수 있는 신통력. 여의통(如意通)을 말한다.

둘째 천안통(天眼通) : 한 사람의 현재 상태를 보고 그의 미래까지 내다 볼 수 있는 능력을 말한다.

셋째 천이통(天耳通) : 남의 말을 듣고 그 참된 의미와 가치를 판단할 수 있는 능력을 말한다. 인간은 제스처 같은 비언어적 수단에 의해서도 많은 것을 표현한다.

넷째 타심통(他心通) : 타인의 마음을 드려다 볼 수 있는 신통력을 말한다.

다섯째 숙명통(宿命通) : 한 사람을 보고 그의 전생과 과거를 더듬어 운명을 아는 능력을 말한다.

여섯째: 누진통(漏盡通) : 모든 번뇌를 소멸케 하고 육도윤회에서 벗어남을 깨닫는 능력을 말한다.(『법화경과 신약성서』 P. 81)

민희식 교수의 이 저서에 의하면 미니트라 스님은 거의 예수에게 개인적으로 불교의 오묘한 진리를 하나하나 깨우쳐 주고 가르쳐준 스님으로 보인다. 요샛말로 개인 교사 비슷한 역할인 셈이다.

이와 같이 그들로부터 엄청난 심령술과 요술을 몸에 익힌 예수는 이 때부터 딴 마음을 먹은 것으로 짐작된다. 우선 석가모니의 이러한 가르침은 이스라엘을 비롯한 모든 중동지역은 물론 서양 백인들 사회에서는 전혀 새로운 깨우침이고, 그 내용이 심오하여 서양 철학에 젖어있는 백인들 사회에서는 새로운 복음이 아닐 수 없었다. 공자의 가르침은 한 마디 한 마디가 모두 백인들의 심금을 울리는 참신한 내용이었다. 그러나 예수는 그것이 모두 석가모니의 가르침이란 말을 단 한 마디도 안했다. 그가 설파하는 모든 진리는 하나님께서 받은 복음이고, 자기의 초능력은 하나님의 아들이기 때문에 그와 같은 초능력을 가진 것이라고 속인 것이다. 인터넷에서 '법화경과 신약성서'를 검색해 보면 예수가 불교의 법화경을 베껴서 신약성서라는 것을 꾸몄다는 지적이 나온다. 그러고 보면 예수는 엄청난 표절의 천재이고 감히 하나님의 외아들이라고까지 자기 신분을 스스로의 입으로 신격화한 희대의 사기꾼이라 해야 옳다. 그러나 그는 크게 성공한 사기꾼이기 때문에 역사를 두고 추앙을 받고 있으며 큰 종교를 이룰 수 있었던 것이다. 그러나 그가 사기를 쳐서 만든 기독교로 인해 인류는 엄청난 고통과 살육을 당한 것이다. 조찬선 목사(이화여대교목, 신학박사)가 그의 저서 『기독교 죄악사』(평단문화사)에서 지적한 바에 의하면 모든 전쟁은 성경에 뿌리를 두고 있으며, 이단 숙청이라는 이름으로 엄청난 생명을 집단 학살한 것이 기독교인 것이다. 구약의 여호와 하나님처럼 엄청난 인류를 무자비하게 집단 살육한 것이 기독교이고 그 죄의 원흉은 표절과 사기로 만든 기독교의 구세주 예수 자신이다. 만일 그가 주장한 대로 지옥이 있다면 그는 분명히 그 지옥 아랫목에 가 있어야 옳다.

예수가 13세부터 29세까지 절간에서 이사 스님으로 있었다는 기록들은 인터넷에서 '인도에서의 이사 스님', '티베트에서의 예수', '이사전', '예수의 잃어버린 생애', '예수의 청소년 시절', '예수의 후손들', 'BBC 재판에 대한 영국대법원의 판결' 등등 엄청나게 많은 제목으로 떠돌고 있다. 한두 사람의 얘기가 아니다. 그 중에서 이러한 것을 우리나라에 더욱 소상하게 소개하는 데 결정적인 공헌을 한 분은 한양대 명예교수 민희식 교수이다. 인터넷에 그의 학술적 업적이 매우 소상히 소개되어 있다. 독자들에게 검색을 강력히 추천하고 싶다.

제7절

예수의 조국 이스라엘 백성은 노예민족이다

예수의 정체를 이해하기 위해서 그의 조국, 그가 태어난 민족이 어떤 민족인가를 이해하는 것도 중요하다. 흔히 이스라엘 백성이라 하면 하나님의 선민이라 해서 기독교 신자들은 이스라엘 백성을 굉장히 우러러 본다. 이것은 잘못된 지식이다. 이스라엘 백성은 한 때 제 나라를 가지고 왕국을 이루기까지 하였었으나 그 후 몰락하면서 노예백성이 된 것이다. 우선 그들은 서로 사람을 잡아먹은 식인종에다가 성생활도 가족 안에서 이루어졌다. 먼저 사람을 잡아먹은 기록들을 구약성경에서 어떻게 적고 있는가를 보자.

1)신명기(BC 1450년) 28장 53절 이하 : 네가 적군에게 에

워싸이고 맹렬한 공격을 받아 곤란을 당하므로 네 여호와께서 네게 주신 자녀 곧 네 몸의 소생의 살을 먹을 것이라.(55절) 자기가 먹는 그 자녀의 살을 그 중 누구에게든지 주지 아니하리니.(56절) 또 너희 중에 온유하고 연약한 부녀 곧 온유하고 연약하여 자기 발바닥으로 땅을 밟아 보지도 아니하던 자라도 자기 품의 남편과 자기 자녀를 미운 눈으로 바라보며....자기 다리 사이에서 나온 태와 자기가 낳은 어린 자식을 남 몰래 먹으리니.(57절)

2)레위기(BC 1444년) 26장 29절 : 너희가 아들의 살을 먹을 것이요 딸의 살을 먹을 것이며.

3)미가(BC 730년) 3장 2절~3절 : 너희가 선을 미워하고 악을 기뻐하여 내 백성의 가죽을 벗기고 그 뼈에서 살을 뜯어 그들의 살을 먹으며 그 가죽을 벗기며 그 뼈를 꺾어 다지기를 냄비와 솥 가운데에 담을 고기처럼 하는도다.

4)이사야(BC 700~680년)10장 20절 : 오른쪽으로 움킬지라도 주리고 왼쪽으로 먹을지라도 배부르지 못하여 각각 자기 팔의 고기를 먹을 것이며 므낫세는 에브라임을, 에브라임은 므낫세를 먹을 것이요.

5)에레미야(BC 625~575년) 19장 9절 : 그들이 그들의 원수와 그들의 생명을 찾는 자에게 둘러싸여 곤경에 빠질 때에

내가 그들이 그들의 아들의 살, 딸의 살을 먹게 하고 또 각기 친구의 살을 먹게 하리라.

6) 열왕기 하(BC 562~537년) 6장 28~29절 : 또 이르되 무슨 일이냐 하니 여인이 대답하되 이 여인이 내게 이르기를 네 아들을 내 놓아라. 우리가 오늘 먹고 내일은 내 아들을 먹자 하매 우리가 드디어 내 아들을 삶아 먹었더니 이튿날에 내가 그 여인에게 네 아들을 내 놓아라 우리가 먹으리라 하나 그가 그 아들을 숨겼나이다 하는지라.

7) 에스겔(BC 550년) 6장 10절 : 그리한즉 네 가운데서 아버시가 아들을 삼아먹고 아늘이 그 아버지를 잡아먹으리라.

이상에서 몇 구절을 인용해 보았거니와 이스라엘 백성은 식인종임이 틀림없다. 그리고 또 이스라엘 노예백성의 성생활은 짐승들의 그것과 차이가 없었다. 짐승들의 세계는 대부분 근친상간이고 이스라엘 민족의 성생활도 짐승들의 그것과 별로 차이가 없다. 짐승들의 세계에서는 힘 센 수놈은 제 마음대로 암컷을 거느린다. 구약에서 하나님의 축복을 가장 많이 받고 또 구약 시대의 이스라엘에서 가장 대표적인 인물은 모세와 솔로몬과 다윗 아닌가? 그런데 모세의 어머니는 요게벳이다. 이 요게벳은 모세의 어머니인 동시에 고모이다. 즉 모세의 아버지가 그의 여동생하고 그러고그러고 관계해서 모세를 낳았다. 그리고 솔로몬은 본처(wives)가 700명이고 첩(concubines)이 300명이었다.(왕상 11; 3절) 그런데도 기독교 신자들은 그를 존경하고 있다. 솔로몬 자신 뿐 아니라 그의 아버지 다윗왕도 열왕기 상과 열왕기 하에서 보면 그 여인의 수가 이루 셀 수 없을 정도로 닥치는 대로 섭렵하고 심지어 예쁜 여자가 기혼녀이면 그의 남편을 군에 보내서 죽게 하는 등 "여호와 하나님이 보시기에 너무하기 때문에 여호와께서 이르시기를 내가 네 눈앞에서 네 아내들을 빼앗아 이웃들에게 주리니 그 사람들이 네 아내들과 더불어 백주에 동침하리라. 너는 은밀히 행하였으나 나는 온 이스라엘 앞에서 백주에 일을 그 일을 행하리라 하셨느니라."(삼하 12:11~12)고 기록되어 있다. 그런데 구약성경에서 눈을 비비고 봐도 개개인의 음란 행위에 대해서 하나님이 책망하거나 벌을 주었다는 기록을 찾아 볼 수가 없다. 그런 행위들이 노예 백성으로서는 보편적 문화 현상으로서 별로 거리낄 일이 아니었고 성경 저자들 자신도 그런 것이 자기들의 문화의 일부였기 때문에 부끄러운 것도 없고 거리낄 일이 아니었기 때문에 버젓이 성경에 기록한 것이 틀림없다. 이런 일은 구약 시대에서만 행해진 것이 아니다. 신약에서도 마태복음서 1장 예수의 족보에 나오는 다섯 여인 중 다말은 시아버지 유다의 아들을 낳은 여인이라고 성경에 버젓이 기록되어 있다. 성경이기 때문에 그래도 OK?

저 유명한 흑인 사회학자 Frazier는 1950년대 미국 흑인 사회의 성행위는 동물들이 발정기가 되면 아무나 하고 관계하는 것과 같다고 하면서 노예문화의 잔재라 하였다. 구약시대 이스라엘 민족들 사이에서는 일부다처에다 골육지간, 근친상간은 물론 창녀, 심지어 창남 제도까지 있었던 것으로 보아 동물들의 그것과 동일하였다. 다윗의 셋째 아들 모세의 동생은 장가를 들지 않고 자기 아버지의 여인들과 대낮에 그 일을 행하였다는 기록도 자랑스럽게 적고 있다. 성경에 적힌 이런 망측한 성행위에 관한 구절들이 구약에만도 619구절이나 되는데도 성경(Holy Bible)이라는 보호막 속에 숨어 있다. 따지고 보면 이스라엘 백성, 노예백성의 추악한 성행위인데도 오히려 미화되고 있고 기독교인들은 이런 것들을 모두 당연한 것으로 받아들이고 있다. 똑바로 얘기하면 기독교인들의 집단 최면 현상이라 해야 옳다.

제8절

초기 기독교의 형성과 성경의 역사

역사적 고증이나 자료를 따지기 전에 상식적으로 예수의 기독교가 만들어지고 성경이 만들어진 배경을 생각해 보자. 예수 당시 그의 백성은 원래부터 노예민족인데다가 로마에 의해서 점령되어 있을 때였다. 우리가 20세기 초에 일본에 의해 잡혀있을 때 정도가 아니다. 가히 현대인으로서는 당시의 상황을 미루어 짐작하는 것조차 쉽지가 않다. 상상이 안 되는 것이다. 그런 의미에서는 더욱 예수가 성공한 것으로 전제해야 한다. 그런 악조건 속에서 기독교라는 종교의 뿌리가 생길 수 있었고, 또 종교의 기본이 되는 성경이 만들어질 수 있었다는 것은 그리 간단한 과제가 아니었던 것을 알아야 한다. 여기서 몇 가지 전제가 되는 상황을 적어 보자.

첫째: 점령군 로마군의 압제와 감시가 혹독한 정치적 상항이었다.

둘째: 오늘처럼 녹음기는커녕 연필도 종이도 없는 상항에서 만들어진 것이 성경이라는 점을 전제적으로 머리에 넣고 생각을 해야 한다.

셋째: 그런 조건 하에서 만들어진 종교와 성경이 과연 예수가 희망했던 정도를 만족시킬 수 있었을까 하는 점과 또 그런 악조건 하에서 만들어진 성경이 과연 창시자 예수의 의견과 언어가 몇%나 반영되었을까를 우리는 전제적으로 생각하면서 기독교의 정신과 성경의 충실성을 냉정하고 객관적으로 의미하고 평가하는 객관성을 확보한 상태에서 기독교와 성경을 재평가해야 할 필요가 있다.

여기서 잠깐 박사 학위까지 가졌다는 신학 박사들 중 성경 무오설을 주장하고 또 그렇게 믿는 광신도들에게 이러한 기독교 초기 상항을 머리에 그려나 보았는지 묻지 않을 수 없다. 마음대로 말할 수 없고, 원하는 생각을 기록으로 남길 도구가 전혀 없고, 예수 사후 100년이라는 세월이 흐른 후에 구전(口傳)에 의해서 들은 것들 중 당시 편집에 임한 사람들이 취사선택한 것이 과연 무오일 수 있겠는가를 반성해야 한다. 저자가 이렇게 얘기하는 뜻은 우리가 이 책과 관련해서 생각하는 자세에서 객관성, 과학성을 전제로 같이 생각해보자는 제의이기도 한 것이다.

제2장

예수는 84세에 프랑스에서 죽었다

(영국 BBC 방송 부도)

제2장 예수는 84세에 프랑스에서 죽었다
(영국 BBC 방송 보도)

제1절

BBC 취재의 착수

예수는 십자가에서 죽은 것이 아니고 아내 막달라 마리아와 자녀들이 로마병정의 호위를 받아 프랑스 남부 골(GALL)지방으로 피해서 살다가 84세에 죽었으며 그의 무덤은 현재 프랑스 남부의 마을 렌느 르 샤또에서 수킬로 떨어진 야산 몽 카루드에 있다. 그리고 예수는 로마 병정 판텔라의 아들이다

이것이 영국 BBC 방송이 3회에 걸쳐 방송한 주된 내용이다. 영국의 공영방송 BBC방송은 그 역사성이나 공정성에서 세계의 으뜸이라는 평가를 받고 있는 대표적 방송사다. 그런 만큼 거기의 기자들이나 PD 등 모든 직원들은 각 분야에서 세계적 권위를 인정받는 전문가들로 구성되어 있다. 공영방송사이기 때문에 국영처럼 정부의 눈치를 볼 필요도 없고, 광고주의 비위를 맞추려고 왜곡 보도할 필요도 없다. 오로지 시청료를 내는 시청자들, 즉 국민의 눈치만 보면 그만이다. 그러기 때문에 불편부당, 오로지 진실과 사실만을 추구하고 왜곡보도를 일체 거부한다. BBC 방송은 방송사상 1929년 처음으로 TV 방송을 시작한 것으로도 세계에서 선도적 방송으로 정평을 얻고 있다.

흔히들 취재는 발로 한다는 말을 매스컴의 철학인 것처럼 교과서에서도 강조하고 있다. 그러나 BBC는 먼저 머리부터 쓴다. 즉 전문적 지식을 바탕으로 해서 신뢰할 수 있는 자료 검증과 연구부터 선행한다. 그 결과 취재할 가치가 있다고 판단하면 예산과 인력과 시간을 투자한다. 매스컴은 흔히들 시간을 다투는 성격 때문에 오보를 남발하는 수가 있다. 그러나 특히 BBC의 다큐멘터리는 예산과 인력과 시간을 엄청 투자한다. 때로 오랜 기간 상당한 인력을 투자했더라도 연구한 결과와 내용이 다르면 보도를 취하한다. 그만큼 BBC 방송은 진실과 사실을 중시하며 시청자들의 양식을 우선시한다. 이러한

BBC방송이 엄청난 정보를 입수하게 된다. 1960년대 말 프랑스의 한 신부가 보물과 고문서를 팔아 막대한 부를 축적한 이야기를 확인하고 세 명의 민완(敏腕) 기자를 배당한다. 그 내용인즉, 1891년에 폐허가 된 성당을 복원하던 프랑스 신부 베랑제르 소니에르가 그 성당 폐허에서 양피지에 적힌 고문서와 여러 가지 보물을 발견하여 그것들을 팔아 엄청난 부를 축적하게 된 내용을 그 기자들이 취재하기 시작한 것이다.

취재에 착수한 세 명의 전문가이자 민완 기자들은 그 양피문서의 내용에 엄청 경악하고 모든 실력과 수완을 동원해서 깊이 있는 취재에 몰두하게 된다. 그렇게 한 것이 십여 년이란 세월을 필요로 했다. 그 세 명의 기자들은 자기들의 인생을 바치고 취재한 셈이다. 내용이 그만큼 중대하였기 때문이다. 여기에 인생을 바친 세 기자의 이름은 Michael Baigent, Richard Leigh, Henry Lincoln이다. 이들은 세 파트로 엮어 방송으로 보도하고 곧이어 『성혈과 성배, Holy Blood and Holy Grail』라는 책자도 발행했다.

제2절

영국 신·구교가 합동으로 BBC를 법원에 소송

'예수가 십자가에서 죽은 것이 아니고', '죽은 자 가운데서 사흘 만에 다시 살아난 것도 아니고', '막달라 마리아는 창녀가 아니라 예수의 아내로서 딸(타마라)과 아들(장남 바라바, 차남 요셉)과 더불어 그의 오빠 아리마대 요셉이 빌라도 총독에게 뇌물을 주고 로마군인의 호위 하에 프랑스로 망명했고', '84세까지 살면서 프랑스, 영국 등 유럽 지역에 8대 문중을 이루어 그들이 아직도 엄연히 살고 있고', '예수는 로마 병정 판텔라의 아들'이라는 사실을 BBC가 3회로 나누어 방송하고 이와 같은 사실을 책자로까지 발행하게 되자, 영국의 신·구교는 공동으로 BBC를 영국 법원에 정식으로 제소했다. 세상의 그 어떤 사건이나 마찬가지로 그냥 잠자코 묻어두었으면 그러다 말 수도 있었지만 기독교가 정식으로 법원에 제소함으로써 이 사건은 초심과 중간심을 거치는 동안 그 내용이 영국의 온 국민에게 알려지게 되고 결국 종심으로 영국의 대법원까지 올라가게 된 것이다.

제3절

영국 대법원의 판결

세상이 다 알다시피 영국의 대법원이라면 이 지구상 사법기관 중 가장 권위를 인정받는 기관이다. 법률을 공부하는 사람이나 법률로 생계를 이어가는 모든 법과 관련된 직업인치고 영국 대법원의 권위를 부정할 수 있는 사람은 없다. 그러나 예외가 있다. 현역 기독교도들이다. 영국 대법원의 권위를 한창 인정하는 대화를 하다가도 화제가 BBC 재판의 종심 판결 내용에 이르면 당장 입장을 바꾸어 '그건 소설'이라든가, '매스컴의 허무맹랑한 낭설'이라고 시치미를 딱 뗀다. 하기야 주일마다 사도신경을 합창하면서 자기 입으로 한 평생 '성령으로 잉태하사', '십자가에 못 박혀 죽으시고', '죽은 자 가운데서 사흘 만에 다시 살아나시며', '하늘에 오르샤 전능하신 하나님 우편에 앉아 계시다가', '저리로서 산 자와 죽은 자를 심판하려 오시리라'고 소리쳐 말해 놓고, 다음 주일 또 그런 소리를 해야 할 판인데 영국 대법원이 아니라 천하 없는 데서라도 이런 소리를 하는 것을 인정할 수는 없을 것이다. 그러나, 그러나 그의 양심은 소리 없이 자기 귀에 무언가를 속삭일 것으로 안다. 양심이 살아 있다면 말이다.

제4절

담당 판사는 3대째 독실한 기독교인

 영국 대법원에서 이 사건을 담당하게 된 주심 판사는 3대째의 독실한 기독교인이었다. 그야말로 사도신경의 내용을 곧이 곧대로 믿는 보수적 맹신자였던 것이다. 그가 이 사건을 담당하고 나서 BBC방송이 보도한 내용을 일일이 검토하고 이것이야말로 악마의 소리라고 굳게 믿고 대법원의 막대한 예산과 인력을 투입하여 3년간 BBC가 보도한 내용을 하나하나 역추적한 것이다. 그런데 이게 웬일일까? 추적하면 할수록 그 보도 내용이 모두 진실이요 사실로 밝혀지는 것이 아닌가? 고고학자 등 관련 분야의 세계적 학자들을 총동원해서 BBC 보도 내용을 뒤집어 보려고 그야말로 신앙적 열정을 다해서 역추적해 봤으나 도저히 뒤집을 수가 없었다.

그는 고민고민 끝에 몸져누워 3개월간이나 칩거하고 있었다. 여론의 독촉도 있어서 대법원에서는 그 주심판사에게 종심판결을 명하였다. 더 이상 질질 끌다가 흐지부지 할 수가 없게 되자 마지막 코너에 몰린 그 주심판사는 양심대로, 사실대로 언도를 하지 않을 수가 없었다.

그는 간략하게 언도하였다. "BBC 방송 내용은 모두가 사실이며 예수는 판텔라의 아들이다."

이와 같은 언도가 내려지자 방청석에 있던 목사, 신부, 수녀들은 물론 많은 교인들은 옷을 찢고 울부짖었으며, 그들 중 많은 성직자들은 현장에서 자살하는 소동이 벌어졌던 것이다. 이것이 1982년 2월 바로 그 해에 영국은 물론 프랑스 등 전 유럽에서는 80%의 기독교인이 무신론이나 타종교로 개종하는 대 소란과 사회적 혼란이 야기됐다. 그러자 영국 정부에서는 즉각 보도관제를 실시하고, 이미 출판된 책 『성혈과 성배』도 모두 회수해서 불살랐다. 그러나 이미 그 판결 내용은 유럽뿐 아니라 전 세계 매스컴을 통해 널리 알려지게 되었다.

제5절

한국 언론의 보도

 이 사실이 연합통신을 통해 한국 언론계에도 널리 알려지게 되었다. 1982년 2월 20일 우리나라의 대표적 중앙지 조선, 동아, 서울신문, 중앙일보 등뿐 아니라 일부 지방지에서도 거의 통면으로 보도하였다. 그러나 보도관제 탓인지 기독교의 재빠른 대책 탓인지 한국에서는 후속 보도가 이어지지 않았고 그 후 출판된 『성혈과 성배』 한국판(자음과 모음)은 출판과 동시에 기독교에서 전량을 매수해서 불살라서 지금은 국회 도서관이나 공공 도서관에 일부가 남아있고 서점에서는 구할 수가 없게 되었다.

 예로서 그 날 동아일보는 '막달라 마리아와 결혼 아이 가져', '유럽 귀족 중엔 친척 징표 가진 사람도', '처형 안 받고 프랑스로 탈출 정' 등의 표제를 큰 활자로 내걸고 그 내용을 비교적 상세하게 보도했다. 조선일보도 '예수―막달라 마리아는 부부', '후손이 유럽 귀족으로 생존', '교계선 크게 반발'이라는 표제들을 달아서 보도하였다. 미국 LA 타임즈도 '미 기독교계 경악'이라는 큰 활자로 보도하면서 기독교 복음 중 예수가 말한 것은 25%뿐이라는 내용을 큰 활자로 뽑아서 보도하였다.

한국 뿐 아니라 세계 거의 모든 나라의 매스컴이 대서특필하여 기독교가 큰 충격을 받아서 전 세계적으로 기독교가 쇠퇴의 길로 접어들었으나 유독 한국 하나만은 독야청청 오늘날까지도 잘 버티고 있는 형편이다.

제6절

유럽에서는 기독교가 거의 사라졌다

영국 대법원의 판결이 나온 직후부터 영국은 물론 유럽 각지에서는 기독교가 급격히 몰락하기 시작했다. 기록에 의하면 유럽에서 가톨릭의 교적을 가지면 여러 가지 혜택이 있다 해서 60~70%의 인구가 교회에 등록은 해 놓은 상태이지만 교회 출석인구는 채 5%도 안 되며 그나마 모두 노인들, 젊은이들 중에 예수를 믿는다면 좀 이상한 사람, 또는 정신 질환자로 치부하는 사회풍토가 만연되어 있다. 특히 프랑스에서는 반기독교 정서가 더 강하다는 지적도 있다. 교적 등록인구가 80%에 달하면서도 그만큼(80%)의 인구가 무신론자라고 한다. 프랑스뿐만 아니라 독일, 덴마크, 스웨덴, 스위스, 오스트리아, 이태리 등 다른 여러 나라들의 통계도 이와 비슷한 양상을 나타내고 있다. 인터넷상에는 '유럽에서는 기독교가 거의 망했다'는 글들이 즐비하게 도배질되어 있다. 우리나라 기독신문들도 이러한 표현과 더불어 해가지는 기독교 등의 표현을 쓰고 있다. 유럽과 심지어 미국에서도 옛날 청교도 시절과 기독교가 흥성할 당시 지어 놓았던 대성당들이 교인이 없고 심지어 목회자도 구할 수 없어서 그 건물의 유지도 불가능하다. 이리하여 1980년대 말부터 교회를 개축하는 붐이 이러났는데 800년이 된 성당이 아파트나 호텔로, 수백 년이 된 교회 성당들이 유치원이나 개인 화실, 슈퍼마켓, 병원, 술집 등으로 팔려 나가고 있다. 그나마 팔리지 않은 교회 건물들은 그대로 방치해서 폐허로 남아있는 곳도 허다한 실정이란다. 사회적으로도 기독교인에 대한 천대와 멸시를 넘어 증오하는 현상까지 심화되고 있고, 교회 나간다는 젊은이가 보이면 박물관에나 처넣을 놈이라고 욕지거리를 한다는 것이다.

어떤 통계에 의하면 일주일에 한 번 혹은 그 이상 교회 시설에 가서 의식에 참여하는 인구 비율이 각각 아래와 같다. 덴마크(2%), 스웨덴(3%), 프랑스(3%), 영국(5%), 노르웨이(5%), 캐나다(24%), 미국(46%), 한국 신교 73.4%(2004년), 천주교 55.2 등으로 기록되고 있다. 캐나다와 미국의 경우

이들 신도의 대부분이 흑인과 아시아계 이민출신자들이고 백인들은 대부분 교회를 떠났다는 기록도 있다. 전반적인 기독교의 추세와 전망치를 보면 해마다 세계 각국에서 기독교가 내리막길에 있어서 어떤 통계에 의하면 매년 3,000개의 교회가 문을 닫고 있다는 것이다. 한국도 외형적으로는 커지고 있지만 신자의 통계로는 내리막이다. 세계에서 가장 큰 10대 교회에서 6개가 한국에 있고, 크기로는 1등과 2등이 한국 교회당이다.

제3장

예수의 아버지 하나님의 정체

제3장 예수의 아버지 하나님의 정체

제1절

예수는 하나님의 독생자(?)

하나님은 우주만물을 창조했다 해 놓고 자식은 오직 예수 하나만을 만들었다. 이것은 예수 자신의 입으로도 말했고 성경에도 독생자 예수라고 적혀 있다. 그러니까 하나님은 예수의 아버지인 것이다. 그런데 엉뚱한 신자들은 하나님을 자기 아버지인 것처럼 믿고 아버지, 아버지라 하고 있다. 족보가 뭔지 촌수가 뭔지도 모르는 무지한 호칭이다. 남의 아버지를 자기 아버지인 것처럼 아버지, 아버지라 하는 것은 정신이 올바로 박혀있다고 할 수 없는 망측한 일이다. 이 부분은 제1장 제2절에서 자세하게 언급이 되어 있기 때문에 여기서는 재론할 필요를 느끼지 않는다.

제2절

성경이 말하는 예수의 아버지

일반적으로 교회 예배 시간이나 교인들의 모임에서 시도인도 하는 사람들은 십 중 팔구 '사랑의 하나님', '사랑이 많으신 하나님', '은혜로우신 하나님', '자비로우신 하나님', '전능하신 하나님' 등등 좋은 형용사를 앞에다 붙이고 하나님을 찾는 것이 입버릇처럼 되어 있다. 그러나 불행하게도 성경사전(로고스발행)에는 오로지 구약의 구절들만 인용하고 있다. '사랑의 하나님'이라든가 '하나님의 사랑'이란 단어는 없다. 구약의 23,143개 구절을 십여 차례 눈을 부릅뜨고 책을 교정보는 식으로 뒤져보아도 사랑의 하나님이라는 표현은 없다 성경 사전에서는 하나님을 어떻게 정의하고 있는가를 알아볼 필요가 있다. 성경 사전(로고스 편찬위원회 발행)에서는 하나님이란 용어를 해설하면서 성경에 있는 구절들을 인용하고 있다. '가까운 하나님'(렘 23;23), '의뢰하는 네 하나님'(왕하 19;10), '나의 남으로부터 지금까지 나를 기르신 하나님'(창 48;15), '내 의(義)의 하나님'(시 4;1), '나를 궁휼히 여기시는 하나님'(시 59;17), '나의 힘이 되신 하나님'(시 43;2), '우리 하나님은 자비하시도다'(시 116;5)" 등과 같은 성경 구절들을 인용하고 있다. 신약성경에는 도대체 하나님이라는 용어 자체가 없다.

그러면 구약성경에서 하나님을 어떻게 표현하고 있는지 전부를 뒤져보자. 먼저 하나님을 좋게 표현한 구절들부터 보자.

1) (출 34;6) 여호와러라. 자비롭고 은혜롭고. 노하기를 더디 하고 인자와 진실이 많은 하나님이시로다.

2) (신4;31) 네 하나님 여호와는 자비하신 하나님이시라.

구약에서 하나님을 좋게 표현한 구절은 이 두 구절 외에 앞서 성경 사전이 인용한 구절 말고는 더 보이지 않는다.

이번에는 이와 반대로 하나님을 부정적으로 표현한 구절들을 보자.

1) (창34;14) 여호와는 질투라 이름하는 질투의 하나님이시니라.

2) (민4;24) 네 여호와는 소멸하는 불이시오 질투하는 하나님이시니라.

3) (렘 51;56) 여호와는 보복의 하나님이시니 반드시 보응하시리라.

4) (신6;15) 너희 하나님 여호와는 질투하는 하나님이신즉....

5) (시7;1) 매일 분노하시는 하나님

구약에서 하나님을 직설적으로 표현하는 것은 자제하고 있다는 인상을 준다. 문제는 하나님은 인간을 향해서 항상 당근과 채찍을 들고 있는데 자기 백성 이스라엘 백성에 대해서도 진노하면 한 개인만을 벌하는 것이 아니라 연좌제에 의한 집단 학살을 거듭한다는 점에 유의해야 한다. 인간 세계에서 연좌제라면 그의 혈족이나 측근을 함께 처벌하는 것을 뜻하지만 하나님의 연좌제는 그의 직계뿐만 아니라 그의 종족까지로 그 범위가 확대 적용된다는 데에 공포감이 있다. 예컨대 여리고성에 의인 다섯 명이 없어서 유황불을 퍼부어 모든 인간과 짐승과 초목까지도 불살라 버리는 연좌제라는 점을 명심해야 한다. 창세기에서는 하나님이 지으신 만물이 하나님 보시기에 악한지라 노아 홍수라는 대재앙을 그의 창조 세계 전체에 퍼부어 노아 가정 외의 모든 인간과 짐승을 깡그리 진멸한 것이 하나님의 징벌의 특징이다. 이런 하나님을 두고 '사랑(?)'이라는 수식어를 사용하는 것은 전혀 번지수가 틀린 표현이다.

비교종교학자 민희식 교수는 그의 저서 『성서의 뿌리』(298페이지)에서 이스라엘의 신인 예수 아버지는 '강자에게는 약하고 약자에게는 강한 민족신의 면모'를 가지고 있다고 평하고 있다.

제3절

예수 아버지의 인간 살상 방법

성경에 나타난 예수의 아버지 하나님의 성품이 그토록 잔인하다면, 또 기독교 신자들이 믿고 있는 것처럼 그가 지금 이 순간도 살아 있다면 지금 인간 세상에 벌어지고 있는 온갖 죄악상을 감안할 때 인류에게는 제3차 대전을 피할 길이 없겠다는 생각이 든다. 아인슈타인에게 기자들이 질문했다. "인류에게 제3차 대전이 있겠습니까?" 라고 물으니 아인슈타인은 "나는 제3차 대전이 일어날 것은 잘 모르겠다. 그러나 만일 인류에게 제3차 대전이 일어난다면 그 때는 인간들이 몽둥이와 몽둥이로 싸울 것이다."라고 했다. 즉 3차 대전이 벌어지면 인류가 축적한 모든 것은 다 없어지고 미개한 인간이 다시 시작할 따름이란 얘기다. 예수의 아버지가 구약시대에 이스라엘 백성을 집단 학살한 기록들을 보면, 만일 하나님이 지금도 살아 있다면 제3차 대전은 불가피해 보인다. 이것을 기독교 신자들은 인간의 죄악에 대한 하나님의 징벌이라고 당연한 것처럼, 그리고 태연하게 자기 자신은 쏙 빼고 남의 얘기처럼 오늘의 죄악상을 역겹게, 마치 남의 일처럼 태연하게 말하기를 좋아한다. 교회에선 목자들이 남의 일처럼 큰 소리로 경고의 설교를 하고 있다.

기독교는 지금까지 하나님을 너무 자비로우시고 은혜로우시고 사랑이 많은 하나님이시고, 일곱 번씩 일곱 번을 용서하시는 하나님이라는 점만을 강조해 왔다. 그 결과 지금까지의 기독교가 하나님을 너무 만만한 존재로만 가르쳐왔고, 무자비하고 무섭고 떨리고 사나운 하나님의 면모를 너무 소홀히 가르쳐 온 결과 교회 십자가가 천지를 덮어 놓고 범죄는 계속해서 증가일로에 있다. 교회는 예수 아버지의 성품을 곧이곧대로 똑바로 가르쳐야 하며 에누리하거나 부드러운 표현만으로 예수의 아버지를 미화함으로써 타락한 아담의 후손들의 경각심을 너무 느슨하게 해 왔다. 범죄를 증오하고 기피하게 하는 종교로서의 기능을 포기해 오고 있는 것이다.

아이들이 호랑이가 온다면 울던 것도 뚝 그치는 것처럼 하나님이 보신다 하면 긴장감과 스트레스를 느끼게끔 기독교는 신자들을 가르쳐야 한다. 이스라엘 백성이 그토록 하나님이 불을 쏟아 붓도록 범행하면서도 하나님을 두려워했다는 구절은 한 군데도 없다. 교회는 하나님을 너무 잘못 가르쳐 왔다. 하나님이 인간을 잔인하게 집단 학살한 사실들을 가르쳐야 한다. 무서운 하나님이라는 점을 가르쳤던들 오늘날 이 지구에 편만한 죄악들이 좀 덜하지 않았을까 하는 생각이 든다. 내가 한평생 교회에 다니면서도 하나님은 무서운 하나님이라든가 하나님의 끔찍한 인간 집단 살상에 관한 설교를 한 번도 들어 본 기억이 없다. 성경에는 있지도 않은 '사랑의 하나님'이라고 교인들을 속여 온 것이다.

기록에 근거해 보면 창세 이래 하나님 만큼 인간을 그토록 무자비하게 집단 살상한 인간이 없다. 800만 명을 죽인 히틀러도, 공산 혁명으로 10억 인구를 죽인 막스레닌도, 문화혁명으로 3천만 명의 자기 백성을 죽인 모택동도, 300만 명을 한 구덩이에 죽인 폴포트도, 6.25를 일으켜 450만 명의 동족과 유엔군을 죽인 김일성의 살인 기록도 하나님의 인간 살상 기록에는 못 미친다. 성경 속에 하나님이 인간을 집단 살상한 통계는 없지만, 하나님은 창세 이래 인간들을 몽땅 지구상에서 싹쓸이를 한 것이 한 두 번이 아니다. 노아홍수를 시작으로 여리고성을 불태운 일 등등, 특히 하나님은 자기 백성 이스라엘 백성에 진노하사 이스라엘 백성의 종자를 없애려고 무수히 집단 학살을 했으며 심지어 아이 밴 여인의 배를 하나님의 손으로 그 배를 가르시어 그 창자를 들짐승들과 하늘의 새들에게 주기까지 했다. 이스라엘의 어린 것들을 높은 바위 위로 끌고 가서 밀쳐 죽이고 이스라엘 백성의 피로 강물을 이루고 그 시체로 산을 이루기까지 했다. 역사적 자료에 의하면 구약시대의 이스라엘 백성은 이 지구상에 단 한명도 남아있지 못할 정도로 하나님은 자기 백성 이스라엘 백성을 싹쓸이한 것이다.

그러면 하나님은 어떤 방식으로 인간들을 학살했는가? 그의 인간 살상 방식엔 눈물이나 체온이 없다. 구약에서는 하나님의 인간 살상 기록들을 어떻게 적고 있는지 몇 구절을 예로 들어 보자.

1) (창6;17) 생명의 기운이 있는 모든 육체 를 천하에서 멸절하시니.

2) (민21;6) 여호와께서 불뱀들을 백성 중에 보내어 백성들을 물게 하심으로 이스라엘 백성 중에 죽은 자가 많은지라.

3) (수11;11) 모든 사람을 칼날로 쳐서 진멸하여 호흡이 있는 자는 하나도 남기지 아니하였고.

4) (삼상 4;21) 말뚝을 그의 관자놀이에 박으매 말뚝이 꿰뚫고 땅에 박히니 그가 죽었더라.

5) (삼상6;19) 사람들이 여호와의 궤를 들여다 본 까닭에 그들을 치사 오만칠십 명을 죽이신지라. 여호와께서 백성들을 쳐서 크게 살육하셨으므로 백성이 슬피 울었더라.

6) (삼하 4;12) 그들을 죽이고 수족을 베어 헤브론 못가에 매달고.

7) (왕상 21;19) 여호와의 말씀이 개들이 나봇의 피를 핥은 곳에서 개들이 네 피 곧 네 몸의 피도 핥으리라 하셨다.

8) (왕하 10;7) 그들이 왕자 칠십 명을 붙잡아 죽이고 그들의 머리를 광주리에 담아 이스라엘 예후에게 보내니라.

9) (왕하 19;35) 여호와의 사자가 앗수르 진영에서 군사 십팔만 오천을 친지라 아침에 보니 다 송장이 되었더라.

10) (샷 9:5) 여룹바알의 아들 곧 자기 형제 칠십 명을 한 바위에서 죽였으며.

11) (민16:49) 염병에 죽은 자가 일만사천칠백이었더라.

12) (민12:6) 여호와께서 불뱀들을 백성 중에 보내어 백성을 물게 하심으로 이스라엘 백성 중에 죽은 자가 많은지라.

13) (민 25:4) 여호와께서 모세에게 이르시되 백성의 두령들을 잡아 태양을 향하여 여호와 앞에 목매어 달라.

14) (신 7:20) 네 하나님 여호와께서 또 왕벌을 그들 중에 보내어 그들의 남은 자와 너를 피하여 숨은 자를 멸하시리니.

15) (샷 3:31) 소 모는 막대기로 블레셋 사람 육백 명을 죽였고.

16) (샷 8:7) 내가 들의 가시와 찔레로 너희 살을 찢으리라.

17) (창 19:24) 여호와께서 하늘 곧 여호와에게로서 유황과 불을 비같이 소돔과 고모라에 내리사.

18) (수 10:11) 여호와께서 하늘에서 큰 덩이 우박을 내리우시매 그들이 죽었으니.

19) (렘 15:3) 나 여호와가 말하노라 내가 그들을 네 가지로 벌하리니 곧 죽이는 칼과 찢는 개와 삼켜 멸하는 공중의 새와 땅의 짐승으로 할 것이며.

20) (왕하 19:28) 내가 갈고리로 네 코에 꿰고 자갈을 네 입에 먹여.

21) (창 6:7) 내가 창조한 사람을 내가 지면에서 쓸어버리되 사람으로부터 육축과 기는 것과 공중의 새까지 그리하리니 이는 내가 그것을 지었음을 한탄하니라.

22) (창 38:7) 유다의 장자 엘이 여호와 목전에 악하므로 그를 죽이신지라.

23) (출 12:29) 여호와께서 애급 땅에서 모든 처음 난 것 곧 위에 앉은 바로의 장자로부터 옥에 갇힌 자의 장자까지와 생축의 처음 난 것을 다 치시매 그 나라에 사망치 아니한 집이 하나도 없었음이었더라.

24) (출 22:24) 나의 노가 맹렬하므로 내가 칼로 너희를 죽이리니 너희 아내는 과부가 되고 너희 자녀는 고아가 되리라.

25) (레 10:2) 불이 여호와 앞에서 나와 그들을 삼키매 그들이 여호와 앞에서 죽은 지라.

위에 예시한 구절들은 구약 전체에 있는 하나님의 인간 살상을 기록한 794 구절의 한 가지 예일 뿐이다. 하나님은 칼로, 홍수로, 유황불로, 갈구리로 아가리를 찢으며, 왕들의 눈알을 빼서 죽이며, 왕들의 발가락을 몽땅 잘라서 죽이고, 장군들을 세워 놓고 그 가죽을 벗겨 죽이고, 목을 쳐서 햇볕에 말려 죽이고, 말뚝으로 죽이고, 사람을 멸하는 빗자루로 쓸어 죽이고 …. 맹수를 풀어 놓아 이스라엘 백성들을 물어 죽게 하고, 부모와 자식 간에, 형제간에, 친구끼리 서로 잡아먹게 하고, 굴로 도망 간자들은 들벌들을 풀어 놓아 물어 죽게 하고 그래도 살아 남은 자들은 염병으로 죽게 하고, 이스라엘 장군들을 잡아다가 들의 짐승들과 공중의 새들을 초청해서 그 피를 취하도록 마시고 그 고기는 바산의 송아지 고기보다 맛이 있으니 배불리 먹으라 하고, 어린 것들을 메어터뜨려 죽이고, 바위에서 떼거리로 밀어 터뜨려 죽이고 …. 우리 인간들로서는 도저히 상상도 할 수없는 온갖 잔인한 방법으로 이스라엘 백성을 집단 학살한 것이다. 이토록 잔인하고 악랄한 하나님을 그저 사랑의 하나님, 자비로우신 하나님이라고만 가르쳐 온 기독교 목회자들은 이 세상 모든 죄악을 부추겨 온 범죄자들이라고 해야 옳다. 거짓말 쟁이들이다.

제4절

예수 아버지의 살인 전과 기록

앞에서 설명한 것처럼 예수의 아버지 하나님이란 존재는 집단 살상의 귀재다. 우리 인간의 머리로서는 도저히 생각조차 할 수 없을 정도로 온갖 잔인한 방법으로 인류,아니 엄밀히 말해서 자기 백성 이스라엘 백성을 집단 학살한 솜씨는 너무나 가증스럽다. 이스라엘 백성의 씨를 말린 것이다. 그의 살인 전과를 고발하는 데는 적어도 392페이지 정도의 책 한 권이 필요하다. 『여호와 하나님의 범죄』(정경균 저, 2015년, 휴먼컬처아리랑)라는 책에서 고발한 그의 범죄 행위는 인간으로서는 도저히 상상조차 할 수 없을 만큼 잔인하고 포악하다.

구약은 한 마디로 구약의 저자들이 고발하는 예수 아버지의 범죄기록이라야 옳다. 왜냐하면 구약의 39권 23,143 구절 중 예수 아버지의 살상 기록이 1000구절이나 되고, 그의 살상 방식에 대한 구약 저자들의 표현 방식이나 어휘들이 점잖거나, 우회적이거나, 간접적 표현이 아니고, 한과 증오에 사무친 필자들의 보복적 심정의 폭발이라 할 정도로 거칠고 야만스럽다는 점에 유의 하여야 한다. 예컨대 '갈고리로 아가리를 꿰고', '어린 아이들을 메어 던져 터뜨려 죽이고', '여호와의 손으로 아이 밴 여인들의 배를 가르사 그 창자를 들의 짐승들과 공중의 새들의 먹이로 주니라'고 표현하고, '여호와가 이스라엘 왕들의 눈알을 빼서 죽이고', '여호와가 왕들을 세워 놓고 그 가죽을 벗겨 죽이고', '여호와가 왕들의 손가락과 발가락을 자르고 상 밑에 빵부스러기를 던져 그들이 주워 먹다 죽게 하고', 현대인으로서는 그 어느 나라 백성이라도 도저히 상상조차 할 수 없을 정도로 거칠고 포악하고 흉흉한 표현으로 예수 아버지의 집단 학살 사실을 곧이곧대로 적어 놓고 있다는 것은 무엇을 뜻한다고 보아야 하는가? 규약의 저자들이 성경을 집필한다는 목적으로 썼다면 그런 야만적 언어로 쓰지는 않았을 것 아닌가? 성경 저자들의 예수 아버지가 저지른 범죄 행위들이 너무 분하고 억울해서 야만인의 언어 그대로 적은 것이라고 보아야 옳은 것 아닌가? 아무리 이스라엘 백성이 노예민족이라 할지라도 적어도 구약의 저자들은 그 시대 선지자들이고 선택받은 학자들이라는 점에 유의하여야 한다.

가령 오늘날 어느 소설가나 문필가가 이런 표현의 글을 감히 쓸 수나 있겠는가? 구약은 그 시대 선지자들이 너무나도 분하고, 예수의 아버지가 그 얼마나 포악한 존재인지를 그 시대 사람들에게 전파하고, 후세의 인간들이 그를 경계하도록 주의를 주고 또 가능하면 후손들의 손으로라도 그를 복수해 줄 것을 간절하게 호소하기 위해서 기록해 놓은 '여호와 히니님', 즉 예수 아버지의 범죄 기록이라고 하지 않을 수 없는 것이다. 그가 인간 학살에 동원한 방법들도 구약의 저자들이 적고 있다. 요약해서 나열해보자.

가장 대표적인 노아 홍수는 모르는 사람이 없다. 나병(민 12;10), 쓴 물(민5;24), 염병(민 16;49), 불뱀들(민 21;6), 목매달음(민 25;4), 왕벌(신8;20), 소모는 막대기(사 4;31), 관자놀이에 말뚝 박기(사 4;21), 들가시와 찔레로 살을 찢기(사 8;7), 멸망의 빗자루(사 1423), 유황과 불(창 19;24), 큰덩이 우박(수 10;11), 칼과 찢는 개와 삼켜 멸하는 공중의 새와 땅의 짐승(렘 15;3), 갈고리(왕하 19;28/겔 38;4) 등등 현대인으로서는 도저히 상상조차 할 수없는 온갖 잔인하고 끔찍한 방법들이 총망라되어 있다.

그러기 때문에 기독교를 돌아선 신학자들이 공통으로 지적하는 바에 의하면 기독교의 하나님, 즉 예수의 아버지는 악마보다 몇 십 배 더 악랄하다고 지적하고 있다. 이와 같은 살상 도구들을 어떤 때는 한 가지만을, 또 어떤 때는 몇 가지 방법들을 동시에 구사해서 이스라엘 백성들을 집단 학살한 것이다. 이토록 여호와와 이스라엘 백성은 사실상 원수지간이라 해야 옳은데, 기독교 신자들은 이스라엘 백성을 선민이라고 부러워하고 우러러보는 나머지 예루살렘을 성지라 하고 그들의 관습에 따라 머리에 수건을 드리우고, 또 구교에서는 입교 세례를 받을 때 반드시 이스라엘 식 이름을 붙여야했는데 이것은 일제 때의 창씨개명과 뭐가 다른가? 도무지 얼빠진 짓들을 자행하면서도 자기 자신들이 얼빠진 것을 정당화하고 있다. 정말 웃기는 일이다.

제5절

예수 아버지의 어린이 학살

　기독교를 대표하는 미국의 신학자들과 기독교의 성경, 특히 구약은 하나님의 말이 아니라 악마의 글이라고 주장하는 학자들 사이에 수 세기 동안 첨예하게 대립된 채 기독교 측 신학자들이 해답이라기보다 궁색한 변명만으로 버티고 있는 몇 가지 명제가 있다. 역사를 두고 논쟁 중이지만 해결의 실마리가 보이지 않는 명제가 몇 가지 있다. 기독교의 중대한 걸림돌이기도 하다. Lee Strobel(Chicago Tribune 편집장 출신으로 후에는 목사)이 그의 저서 『The Case for Faith』라는 책에서 그런 문제점을 8가지로 요약해서 양쪽 쟁점을 잘 정리하고 있다. 그들 여러 가지 쟁점 중 기독교 신학자들이 얼버무리고 있는 쟁점은 두 가지로 요약된다.

첫째는 예수의 아버지(여호와)가 왜 순진한(innocent)어린이들을 그토록 수없이 잔인하게 집단 학살하였는가 하는 점이다. 둘째는, 하나님은 왜 억조창생 수천 수억만 년을 어거해야 할 이 우주를 만들면서-문화인류학계의 학설에 의하면 인류의 역사가 자그마치 200만 년이라는데-겨우 2천 년 전에 그의 독생자라고 예수 딱 한 명 만을 이 지구에 보내 놓고 자기 외아들 예수만이 길이요 진리요 생명이니 그로 말미암지 않고는 자기에게 오는 길이 없다 하고 또 예수는 한 술 더 떠서 천국은 낙타가 바늘구멍으로 들어가는 것보다 힘들다 했으니 도대체 하나님은 인류를 구원하겠다는 것이냐는 질문에 기독교 측 신학자들은 비기독교인들을 설득할 수 있는 답변을 내놓지 못하고 있다는 점이다. 성경과 관련해서는 수 없이 논쟁이 있으나 여기서는 왜 여호와가 그 순진한 어린이와 영아를 수없이 잔인무도하게 학살했는가 하는 것만 묻고 가자.

여호와의 어린이 학살 기록을 살피기 위해서 또다시 창세기 1장 1절부터 말라기 4장 6절까지의 23,143 구절을 건너뛰지 않고 샅샅이 살펴본 결과 예수의 아버지라는 여호와 하나님이 직접 어린이(chIildren)와 영아(infants)들을 집단학살(slaughter)한 구절들이 자그마치 78구절이나 나타난다.

이런 구절들에 대한 기독교 측 대표적 신학자들이 공동으로 답변한 변론들은 정말로 소가 웃을 말이다. 변론인즉, "그 어린 것들을 그대로 놓아두면 그 사회 상항을 봐서 그들이 커서 죄에 물들 것이 뻔하기 때문에 그들을 선악에 대한 판단력(accounterbility라 표현하고 있다)이 생기기 전에 데려가 천국에서 영생하게 하기 위해서 자비(mercy)를 베푼 것이라는 것, 그리고 거기에 덧붙여서 어떤 신학자들은 하나님이 어린이들을 학살하기 전에 미리 경고했는데도 어린이들이 여호와의 말을 경시해서 피난 가지 않았던 어린이들이 학살당했다는 것이다. 성경 어디에도 아이들을 죽일 테니 미리 피하라고 경고했다는 말은 반 토막도 없다.

여기서 잠시 생각해 보자. 도대체 어린이들이 커서 그 사회의 악에 물들 것이기 때문에 미리 데려가셨다면 그 하나님은 오직 이스라엘과 단 한 번은 또 애급의 장자들만 죄에 물들기 전에 데려가고 나머지 지구 천지에 태어난 어린이들에겐 왜 그런 자비를 베풀지 않았는가? 또 그 이전에 어차피 죄악이 편만한 이 지구상에 애당초 어린이들을 왜 만들었는가? 그리고 또 두 번째 변론인 하나님께서 징벌을 미리 경고했는데도 감히 하나님의 경고를 무시하다가 학살을 당했다는 주장은, 그 어린것들이 하나님의 경고를 들을 나이도 아니고 설사

이해했다한들 그들 자신은 피난 갈 능력이 없는 어린이와 여아들이었다는 점에서 설득력이 없다. 걸음마도 변변치 못한 그 어린것들이 피난하지 않았다고 학살한 하나님을 어떻게 경배하라는 것이냐 하는 것이 비기독교적 학자들의 반론이다.

미국의 제3대 대통령 Jefferson은 일찍이 구약은 하나님의 말씀이 아니고 악마의 글이라고 선포하였다. 그리고 기독교를 떠난 신학자 Robert A. Wilson은 구약은 페이지마다 (page after page) 하나님이 순진한 어린이들을 대량 학살했다고 적고 있다. 여기서 우리들은 매우 충격적이고 심각한 사실을 발견해야 한다..여호와가 어린것들을 대량학살(genocide)하는 대상에서 아시아, 아프리카, 미 대륙, 유럽, 오세아니아 등등 이스라엘과 애굽을 제외한 다른 모든 지역에서는 단 한 명의 어린이를 죽였다는 기록이 없다. 이 하나 만을 보아도 예수의 아버지 하나님은 오직 이스라엘의 하나님이지 전체 인류와는 눈곱만큼도 관계가 없다는 증거가 된다.

성경에서도 출애굽기 32장 27절에서 모세는 분명히 "이스라엘의 하나님 여호와께서 명하신다."라고 못 박고 있다. 또 출애굽기 3장 6절에서는 '엘로힘(하나님의 히브리어)은 아브라함의 하나님, 이삭의 하나님, 야곱의 하나님'으로 큰 대목을 박아 놓았다. 비단 모세뿐 아니라 '이스라엘의 하나'이라는 표현은 구약에서 천 군데가 넘게 나온다. 이처럼 하나님은 이스라엘의 하나님인데도 불구하고 구약은 진실로 눈물 없이는 못 본다. 구약의 23,143구절을 한 번 통독하려면 손수건 여러 장을 적시지 않을 수 없다. 왜냐하면 여호와 하나님, 예수의 아버지께서 예수의 조국 이스라엘 백성을 수 없이 집단학살한 기록이 구약성경을 도배질하고 있기 때문이다. 여호와는 이스라엘 백성의 씨를 말리려고 코로 숨 쉬는 모든 생명과 어린이와 영아는 물론 아이 밴 여인의 배를 가르시어 그 창자를 들의 짐승과 공중의 새들의 먹이로 주었다는 야만적 표현들이 한두 군데만 나오는 것이 아니다.

에스겔 5장 17절을 보면 "나는 너희에게 한재를 내릴 뿐 아니라 맹수도 보내어 너희 자식을 잡아먹게 하겠다. 또 염병이 휩쓸고 피 흘리는 싸움이 터지게 할 것이다. 정령 나 여호와가 하는 말이다."라고 적고 있다. 에스겔 6장 12절에서는 또 "그제야 치밀었던 내(여호와) 노여움이 풀리리라." 하고 8장 18절에서는 "나도 이제는 화나는 대로 하리라. 가엾게 여기지도 아니하고 불쌍히 보지도 아니하리라. 그들이 내(여호와의) 귀가 찢어지도록 소리를 질러도 들어주지 아니 하리라."고 적고 있으며 또 9장 6절에서는 "노인도, 장정도, 처녀도, 어린이도, 부인도 죽여 없애라."고 명령을 하는 것이다.

한편 여호와는 자기 손으로 직접 죽이는 외에도 제 어미와 아비를 시켜 제 자식들을 잡아먹게 하였다. 내 백성의 수도가 망하던 날에는 먹을 것이 없어 자애로운 여인도 제 자식을 잡아 끓여 먹고(예레미야 4장 10절), 또 아비가 제 자식을 잡아먹고 자식들이 제 아비를 잡아먹게 되리라(에스겔 5장 10절). 여호와의 진노는 여기서 그치지 않는다. "나는 너에게서 태어난 것들을 칼에 맞아 죽게 하리라. 네 아들딸들을 더러는 잡아가게 하고 남은 것은 불에 태워 죽이게 하리라." 하고 회중으로 하여금 그들(아이들)을 돌로 치고 칼로 베게 하여라. 그들의 아들딸들도 죽이고 집에는 불을 질러 사르게 하여라.(에스겔 23장 47절) 또 너희가 버리고 간 너희 아들딸들을 칼에 맞아 쓰러지게 하리라. 호세아 9장 16절에서는 "아이를 낳아도 그 귀여운 갓난아이를 나는 죽이리라." 말하고, 아모스 1장 13절에서는 임신한 여인의 배까지 가르며 아모스 4장 2절에서는 여호와가 몸서리치는 맹세까지 하고 있다. "주 여호와께서 당신의 거룩하심을 걸고 맹세하신다. 너희를 갈고리로 끌어내고 너희 자식들을 작살로 찍어낼 날이 이르렀다."고 말한다.

여호아 하나님은 이와 같이 잔인하게 이스라엘의 어린이들을 주로 학살한 외에 딱 한 번 이스라엘이 아닌 애굽의 장자들을 죽인 일이 있다. "한밤중에 여호와께서 이집트에 있는 모든 맏이들을 쳐 죽이셨다."(출애굽기 12장 29절). "이스라엘 요새에 불을 지르고 젊은이들은 칼로 쳐 죽이고 어린 아이들은 메어쳐 죽이며 임신한 여인들의 배를 가를 것이요."(열왕기 하서 8장 12절) 또 열왕기 하서 2장 24절에서는 "암곰 두 마리를 숲에서 나오게 해서 아이들 사십이명을 찢어 죽이도록 하였다."

오늘의 성경은 수없는 검열 과정과 편집 과정을 거쳐서 굳어진 것이다. 그런데도 이토록 잔인하고 끔찍한 하나님의 인간 살상과 학살 기록이 버젓이 남아있는 것은 웬 일일까? 분명한 것은 원래 구약의 저자들은 보나마나 이보다 더 끔찍한 기록들을 허다히 적었었을 것 아닌가? 다듬고 추리고 손 본 것이 이 모양이고 보면 실로 여호와 하나님, 예수의 아버지야말로 우리 인간들로서는 도저히 상상할 수 없을 정도로 잔인하고 포악한 존재임이 틀림없어 보인다. 어미가 자식을, 자식이 아비와 어미를, 형제끼리, 친구끼리 서로 잡아 먹으라고 여호와가 명령도 하고 방관도 했다고 성경은 버젓이 적고 있다.

열왕기 하 6장 28~29절에서는 "이 여자가 저에게 말하기를 오늘은 당신 아기를 잡아서 같이 먹고 내일은 우리 아이를 잡아 먹읍시다라."고 했더니 자기 아이를 감추어 버렸습니다. 실로 이스라엘의 어린이들은 여호와에 의해서 집단 학살을 당하기도 하고 여호와가 풀어 놓은 맹수들에게 잡혀 찢겨 죽기도 하고 심지어 제 에비 에미의 손으로 그들의 식량으로 먹히기도 하였다. 이스라엘 어린이들은 이처럼 비참하고 참혹하게 무수히 학살을 당하였는데 이에 여호와의 어린이 살상 수법을 정리해 볼 필요가 있다. 여호와가 어린이들을 살상한 수법, 기독교 대표 신학자들의 말을 빌리자면 여호와가 이스라엘 어린이들에게 자비(mercy)를 베푼 방법을 보면 섬뜩하다. 칼로 죽이고, 갈고리로 꿰고, 염병과 성병과 문둥병을 퍼뜨려 죽이고, 맹수들을 풀어 놓아 물어 찢어 죽이고, 어린것들을 메어쳐 터뜨려 죽이고, 삶아 죽이고, 그 피로 강을 이루고, 여호와의 칼에서 피가 뚝뚝 떨어지고, 그 칼에 사람들의 시름이 엉기도록 어린이들과 젊은이들, 때로는 노인들과 아이 밴 여인들의 배까지 갈라 가면서 이스라엘 백성을 말살하였던 것이다. 예수 아버지의 살상 방법은 집단 학살 싹쓸이의 방법이었다. 그래서 그 아들들과 그 백성을 다 쳐서 한 사람도 남기지 아니 하는 것(민수기 21장 35절)이 그의 버릇이다.

제6절

구약 저자들이 고발하는 예수 아버지의 범죄기록

구약은 이스라엘의 역사라고 정의하고 있다. 또 한편 구약은 예수 오실 것을 예언한 책이라 해서 신약과 더불어 성경으로 모시고 있다. 성경학자들의 대부분의 주석이 어거지 해석인 것처럼 이와 같은 구약의 정의도 구약의 23,143 구절을 눈을 똑바로 뜨고 편견 없이 일반서적을 읽는 태도와 자세로 읽으면 구약은 엄청난 뜻을 가지고 있다는 것을 깨닫게 된다. 구약은 한 마디로 구약의 저자들이 고발하는 예수의 아버지 여호와 하나님의 범죄 기록이라고 해야 옳다. 왜냐하면 첫째, 구약 39권 23,143 구절 중 여호와 하나님의 살상 기록이 1,010 구절이나 되고 둘째, 그 구절들의 표현 방식, 즉 구사된 어휘들이 점잖거나 우회적으로나 간접적

이 아니고 한과 증오에 사무친 필자들의 보복적 심정의 폭발이라 할 정도로 거칠고 야만스럽다는 점에 유념해야 한다. 예컨대 '갈고리로 아가리를 꿰고', '어린 아이들을 메어 던져 터뜨려 죽이고', '여호와의 손으로 아이 밴 여인들의 배를 가르사 그 창자를 들의 짐승들과 공중의 새들의 먹이로 주니라'고 표현하고, '여호와가 이스라엘 왕들의 눈알을 빼서 죽이고', '여호와가 왕들을 세워 놓고 그 가죽을 벗겨 죽이고', '여호와 하나님이 왕들의 손가락과 발가락을 자르고, 상 밑에 빵부스러기를 던져 그들이 주워 먹다 죽게 하고'라고 기록하였는데 이것은 현대인으로서는 그 어느 나라 국민이라도 도저히 상상조차 할 수 없을 정도로 거칠고 포악한 표현이다. 이처럼 구약에서 여호와 하나님의 행실을 기록하고 있다는 것은 무엇을 뜻한다고 보아야 하는가? 성경을 쓴다는 목적으로 그와 같은 어휘들을 사용하였을까? 신학 박사님들은 좀 정신 차리고 구약 저자들의 집필하는 순간의 마음가짐과 심정을 꿰뚫어 보려는 노력이 있어야 한다. 아무리 이스라엘 백성이 노예백성이라 할지라도 적어도 구약의 저자들은 그 시대 선지자들이고 택함을 받은 학자들이라는 점에 유념해야 한다. 가령 오늘날 어느 소설가나 문필가가 이런 글을 감히 쓸 수 있다고 상상이나 할 수 있는 가? 구약은 영락없이 그 시대 선지자들이 너무나도 두렵고, 분하고, 여호와 하나님이라는 존재가 그 얼마나 악랄한 존재인지를 그 시대 사람들에게 전파하고, 후세의 인간들이 그를 경계하도록 주의를 주고, 또 가능하면 후손들의 손으로라도 그를 복수해 줄 것을 간절하게 호소하기 위해서 기록해 놓은 '여호와 하나님의 범죄 기록임'에 틀림없다고 보아야 한다.

만군의 주 여호와 하나님께서 자기 백성 이스라엘 백성에 진노하여 그들을 징벌한 기록들을 보면 이스라엘 백성들이 너무 불쌍하게 느껴진다. 그토록 잔인무도하게 이스라엘 백성들의 씨를 말리리고 수 없이 잔인하게 징벌하였는데도 오늘 날 이스라엘 백성의 종자가 어디에 숨어 있다가 지금 300만이나 되었는지 알다가도 모를 일이다.(하긴, 구약 시대의 이스라엘 백성은 한 사람도 남지 않고, 지금의 이스라엘 국민은 전혀 다른 유태인들이라는 사실을 생태학적, 역사학적으로 기록한 연구 책자들이 허다함)

도대체 여호와 하나님께서 어떤 살상 도구와 방법으로 이스라엘 백성과 애급 백성을 학살했을까를 성경 구절에서 읽어 보면 정말로 몸서리 처진다. 인간으로서는 예나 지금이나 도저히 상상조차 할 수 없을 정도로 잔인하고 야만적인 방법들이 총망라되었다. 구약을 읽다 보면 우리가 이스라엘 백성이 아니라는 것이 얼마나 다행스런 일인가를 절실하게 느끼게 된다. 왜냐하면 여호와 하나님은 이스라엘의 하나님이기 때문에 자기 백성에게 만 그토록 잔학한 범죄를 저질렀기 때문이다. 그것도 모르고 소위 성경학자들이라는 자들은 이스라엘 백성을 하나님의 택함을 받은 백성, 즉 하나님의 선민이라 해서 부러워하고 존경하는 나머지 구교에서는 입교할 때 이스라엘 이름까지 얻어 만들고, 예배할 때 여인들은 머리에 두건을 뒤집어쓰는 등 흉측한 모습들을 보이고 있는 것이다. 여기서 한 가지 짚고 넘어가야 하겠다. 관광업계나 기독교인들은 이스라엘 여행을 '성지 순례'라고 한다. 그 악랄한 여호와 하나님의 범죄가 벌어진 땅이고, 그 악한의 외아들 예수의 고향이라 해서 성지라 하는 것은 일제 강점기 친일파들이 동경을 본향이라고 하는 것과 다름이 없다. 말이 조금 빗나갔지만, 여호와 하나님이 인간 학살에 동원한 살상 방법과 도구들을 성경에서 보면 다음과 같은 도구들이 총망라되어 있다.

나병(민12;10), 쓴물(민5;24), 염병(민16;49), 불뱀들(민21;6), 목매달음(민25;4), 왕벌(신8;20), 소모는 막대기(사4;31), 관자놀이에 말뚝 박기(사4;21), 들가시와 찔레로 살을 찢기(사8;7), 멸망의 빗자루(사14;23), 유황과 불(창19;24),

큰덩이 우박(수10;11), 칼과 찢는 개와 삼켜 멸하는 공중의 새와 땅의 짐승(렘15;3), 갈고리(왕하19;28/겔38;4) 등등 그 밖에도 현대인으로서는 도저히 상상조차 할 수 없는 끔찍한 방법들이 총망라되어 있다. 그러기 때문에 기독교를 반대하는 입장으로 돌아선 신학박사들이 공통으로 지적하는 바에 의하면 기독교의 하나님은 악마보다 몇 배 더 악랄하다고 지적하고 있는 것이다. 이와 같은 살상 도구들을 어떤 때는 한 가지만을 쓸 때도 있지만 어떤 때는 여러 도구들을 함께 동원해서 이스라엘 백성들의 씨를 말리려고 말로 형언할 수 없는 악랄한 집단 살상을 감행한 것이다.

하나님은 도대체 어떤 존재이기에 그토록 잔인무도할까? 성경이 여호와 하나님을 어떻게 표현하고 있는지 살펴볼 필요가 있다. 일반적으로 교회 예배 시간이나 교인들의 집회 시간에서 기도 인도 하는 사람들은 십중팔구 '사랑의 하나님', '사랑이 많으신 하나님', '은혜로우신 하나님', '자비로우신 하나님'등등 이렇게 기도를 하는 것이 입버릇처럼 되어 있다. 그러나 불행하게도 구약성경에서는 사랑의 하나님이라든가, 하나님의 사랑이란 표현은 단 한 군데도 없다는 사실을 알아야 한다. 성경을 교정본다는 마음으로 구약 전체의 23,143 구절을 뚫어지게 읽어 봐도 이런 표현은 전혀 발견되지 않는다. 성경 사전(로고스편찬위원회 발행)에서는 하나님이란 용어를 해설하면서 '가까운 하나님'(렘23;23), '의뢰하는 네 하나님'(왕하 19;10), '나의 남으로부터 나를 기르시는 하나님'(창48;15), '나의 힘이 되신 하나님'(시 43;2, 116;5), '우리 하나님은 자비하시도다'(시편116;5), '내 의(義)의 하나님'(시 4;10) 등으로 하나님을 소개하고 있다.

이번에는 성경에서 하나님을 어떻게 표현하고 있는지 다시 한 번 성경 구절에서 살펴보자. 먼저 좋게 표현된 것부터 보면,

① *(출 34;6) 여호와러라. 자비롭고 은혜롭고 노하기를 더디 하고 인자와 진실이 많은 하나님이시로다.*
② *(신 4;31) 네 하나님은 자비하신 하나님이시라.*

하나님을 좋게 표현한 구절들은 위 두 구절 외에 별로 더 보이지 않는다. 이번에는 하나님을 위와 반대로 표현한 구절들을 살펴보자.

① *(창 34;14) 여호와는 질투라 이름하는 질투의 하나님이시니라.*
② *(민 4;24) 네 여호와는 소멸하는 불이시요, 질투하는 하*

나님이시니라.

③ (렘 51:56) 여호와는 보복의 하나님이시니, 반드시 보응하시리로다.

④ (신 6:15) 너희 하나님 여호와는 질투하시는 하나님이신즉.

⑤ (신 20:21) 하나님께서는 눈에는 눈, 이에는 이, 손에는 손, 발에는 발로 복수하시며.

⑥ (삼하 12:11) 하나님은 다윗의 여자들을 빼앗아 이웃들에게 주시며, 너는 밤에 그 일을 행하였으나 나는 모든 백성이 보는 앞에서 대낮에 그 일을 행하리라.

⑦ (사 17:12) 성소에 나가 기도할지라도 소용없으리라.

⑧ (사 63:3) 여호와는 분함으로 말미암아 내 민족을 멸절하시며.

구약성경에서 의외로 하나님의 성품에 대해서 표현을 절제하고 있는 듯싶다. 문제는 한 개개인의 죄에는 별로 관심 없어 보이고, 연좌제에 의한 집단학살이 그의 솜씨라는 데에 명심할 필요가 있다. 여리고 성에 의인 다섯 명이 없어서 유황불로 성 전체를 초토화하였다. 한 번 진노하고 분하게 느끼면 그야말로 체온도 눈물도 없고, 인정사정없으며, 화를 냈다하면 모든 인간들뿐 아니라 들의 짐승이나 공중의 새들도,

또 저 푸른 숲도, 저 맑은 강물과 바다의 물고기들도, 땅에 기는 곤충들도 일시에 진멸하는 것이 하나님의 손버릇이다.

  기독교는 지금까지 하나님을 너무 일방적으로 자비롭고 사랑이 많은 하나님으로 잘못 가르쳐 왔다. 악랄하고 몸서리치는 무서운 하나님의 면모를 너무 소홀히 가르쳐온 결과 십자가가 온 땅을 덮어놓고도 범죄는 계속 증가하고 있지 않는가! 아이들이 울다가도 호랑이 온다 하면 뚝 그치는 것처럼 하나님이 노하신다 하면 가슴이 섬뜩해서 범죄의 의도가 멈춰지도록 무서운 하나님의 면모를 가르쳐야만 한다. 엄밀히 따지고 보면 창세 이래 하나님만큼 인간을 살상한 자는 아직 없다. 저 히틀러도, 공산혁명으로 10억 인구를 죽인 마르크스 레닌도, 문화혁명으로 자기 동족 3천만 명을 죽인 모택동도, 6.25를 일으켜서 동족과 유엔군 450만 명을 죽인 김일성도 하나님의 살상 기록에는 미치지 못한다. 『예루살렘의 광기』라는 책을 읽으면 한 신부가 10여 년간 예루살렘에 머물면서 문헌 고찰, 현지답사 등 모든 연구방법들을 동원해서 연구한 결과 그는 "인간 본성에 내재하는 것으로 보이는 상호 증오, 살인 충동, 전쟁 본능 등 부정적 감정들은 전부 종교라는 틀을 통해서 하나님으로부터 학습된 결과"라고 지적하고 있다.

하나님이 인간을 살상한 성경구절들이 구약 전체에 1,010 구절이나 될 만큼 구약의 저자들이 하나님의 범죄를 방대하게 기록하고 있다. 성경책을 들고만 다니지 읽지 않는 독자들의 이해를 돕기 위해서 아래에 몇 구절을 보기로 예시한다.

(1) (삼상 18:27) 블레셋 사람 200명을 죽이고 그들의 가죽을 가져다가.

(2) (삼하 2:23) 창 뒤끝으로 그의 배를 찌르니 창이 그의 등을 뚫고 나간지라.

(3) (삼하 24:15) 여호와께서 그 아침부터 정하신 때까지 전염병을 이스라엘에 내리시니 단에서부터 브엘세바까지 죽은 자가 칠만 명이라.

(4) (왕상 21:19) 여호와의 말씀이 개들이 피를 핥은 곳에서 네 몸의 피도 핥으리라 하였다 하라.

(5) (왕상 21:24) 성읍에서 죽은 자는 개들이 먹고 들에서 죽은 자는 공중의 새들이 먹으리라고 하셨느니라.

(6) (왕하 15:16) 그러므로 그들이 그 곳을 치고(하나님의 명령에 따른 것) 그 가운데에 아이 밴 여인들의 배를 갈랐더라.

(7) (왕하 19:17) 성위에 앉은 사람들도 너희와 함께 자기의

대변을 먹게 하고 자기의 소변을 마시게 하신 것이 아니냐?(하나님의 소행 중에는 이처럼 지저분한 범죄도 허다하다.)

(8) (잠 1:12) 음부같이 그들을 산채로 삼키며, 무덤에 내려가는 자 같이 그들을 통째로 삼키자.

(9) (사 15:23) 내가 또 그것이 고슴도치의 굴혈과 물웅덩이가 되게 하고, 또 멸망의 빗자루로 청소하리라. 나 만군의 여호와의 말이니라.

(10) (사 15:30) 가난한 자의 장자는 먹겠고, 내가 네 뿌리를 기근으로 죽일 것이요, 네게 남은 자는 살육을 당하리라.

(11) (겔 29:5) 너와 너의 강의 모든 고기를 들에 던지리니 내가 너를(이스라엘 백성을) 들짐승과 공중의 새의 먹이로 주었음이라.

(12) (겔 32:4,5,6) 내가 너를 물에 버리며 들에 던져 공중의 새들이 네 위에 앉게 할 것이며, 온 땅의 짐승들이 너를 먹어 배부르게 하리로다. 내가 네 살점을 여러 산에 두며 네 시체를 여러 골짜기에 채울 것이요, 네(이스라엘) 피로 네 헤엄치는 땅에 물대듯 하여 산에 미치게 하며, 그 모든 개천을 채우리로다.

(13) (사 50:26) 내가 너를 억압하는 자들에게 자기의 살을 먹게 하며 새 술에 취함같이 자기의 피에 취하게 하리니.

(14) (사 63:6) 내가 노한으로 말미암아 무리를 밟았고, 분함으로 말미암아 그들을 취하게 하고 그들의 선혈이 땅에 쏟아지게 하였느니라.

(15) (미3; 2절과 3절) 내 백성의 가죽을 벗기고, 그 뼈에서 살을 뜯어내어 그들의 살을 먹으며, 그 가죽을 벗기며 그 뼈를 꺾어 다지기를 냄비와 솥 가운데에 담을 고기처럼 하는도다.

(16) (민 25:8) 이스라엘 남자와 그 여인의 배를 꿰뚫어서 죽이니.

(17) (민 31:40) 나귀가 삼만 오백 마리라. 그 중에서 여호와께 공물로 드린 것이 육십 마리요, 사람이 만 육천 명이라. 그 중에서 여호와께 공물로 드린 자가 삼십 명이니(실로 놀라운 일이다. 하나님이 얼마나 무서우면 사람을 잡아 여호와 하나님께 제물로까지 바쳤을까?)

(18) (신 8:20) 네 하나님께서 또 왕벌을 그들 중에 보내어 그들의 남은 자와 숨은 자를 멸하시리니.

(19) (신 28:61) 모든 질병과 모든 재앙을 네가(이스라엘) 멸망하기까지 여호와께서 네게 내리시리니.

(20) (삿 8:7) 내가 들가시와 찔레로 너희(이스라엘 백성의) 살을 찢으리라.

(21) (삼상 11:2) 내가 너희 오른 눈을 다 빼어야 너희와 언약하리라.

(22) (민16 :22) 그 두 사람이 엎드려 이르되 하나님이시여 모든 육체의 생명의 하나님이여, 한 사람이 범죄하였거늘 온 회중에게 진노하시나이까?

(23) (민 21:6) 여호와께서 불뱀들을 백성 중에 보내어 (이스라엘) 백성을 물게 하심으로 이스라엘 백성 중에 죽은 자가 많은지라.

구약 성경 속에 천여 구절들이 이와 같이 살벌하고 끔찍하고 감히 상상조차 하기 싫은 문장과 어휘들과 표현으로 성경을 도배질해 놓았는데, 구약의 저자들이 과연 이런 것을 성경으로 쓰라고 집필하였겠는가를 양심에 손을 얹고 곰곰이 반성해 봐야 하겠다. 구약의 저자들이 저 땅 속에서 2천여 년 동안 그들의 집필의 목적을 왜곡하고 그 본심을 몰라주는 소위 성경학자들에게 분노와 저주를 보내고 있을 것이 아닌가 심히 염려되기도 한다.

제4장

예수는 표절(剽竊)의 귀재

제4장 예수는 표절(剽竊)의 귀재

제1절

어릴 때 배우면 귀신이 된다

성경에 보면 예수는 12살에 성전에서 현인들과 토론을 할 정도로 총명하였다고 성경은 기록하고 있다. 맞는 말인 것 같다. 그는 분명히 어릴 때부터 어딘가 뛰어났던 것은 사실인 듯싶다. 그는 분명히 큰 꿈을 가진 것도 사실이다. 그를 그렇게 만든 것은 신약외경에 의하면 그의 가정환경인 것 같다. 그가 그 어린 나이에 원수는 집안 식구나라 할 정도로 이복형들과 이복 누나들로부터 온갖 학대와 고통을 받으면서 그 어린 나이에 이를 가는 아픔을 체험했다. 그의 어머니 마리아가 14살 앳된 나이에 늙은 홀아비의 아내가 되었고 게다가 아들까지 낳아 놓았으니 그 늙은 홀아비 요셉은 새 마누라 마리아와 예수를 눈에 넣어도 아프지 않을 정도로 소중히 여겼을 것이라는 것은 예나 오늘이나 인지상정이다. 그런데 그 요셉이 집짓는 대목이라 한 번 집지으러 집을 나가면 반 년 이상씩 집을 비우곤 했다. 요셉의 전처소생들은 바로 이 때다 싶을 정도로 늙은 애비가 집을 나서는 순간은 자기들 세상, 눈의 가시인 그들의 어린 계모와 이복동생 예수에게 한풀이, 분풀이의 기회가 온 것이다. 예수가 열 살 전후의 어린 나이에 그 얼마나 이가 갈렸겠는가는 누구나 짐작할 수 있는 일이다. 예수가 그 어린 나이에 한둘도 아닌 이복형들과 누나들에게 신체적으로는 도저히 반항할 수 없는 입장이었다. 총명한 예수가 내심 입술을 깨물면서 온갖 복수할 방법들과 더불어 야무진 꿈을 키웠을 것이다. 칼.융 등 교육심리학자들의 주장에 의하면 10세 전에 벌써 인격 형성(personality formation)의 기틀이 마련된다는 것이다. 이 때 잘못 방향이 잡히면 강도나 탈선의 인격이 형성되지만 잘만 길들면 복수를 위해 엄청난 꿈을 이루기도 한다는 것이다. 예수는 다행이도 좋은 방향으로 이를 간 것이다. 이복형들의 학대와 고통을 견디다 못해 가족 몰래 13세에 예수는 가출을 해서 대상들을 따라 멀리 인도로 가서 어린

인생을 출발한 곳이 절간이었으니 제대로 길을 택한 것이다.

무엇이나 어릴 때 배울수록 몸에 밴다. 그는 그 어린 나이에 동자승이 되어서 공자의 가르침을 배울 수 있었다. 어린 나이에 구도(求道)를 몸에 익힐 수 있는 길이 열린 것이다. 그는 그 나이에 공자로부터 땅의 이치와 사람의 이치에 더해서 내세극락의 세계까지 상상할 수 있는 사색의 폭을 넓힐 수 있었다. 그가 후일 자기가 하나님의 아들이라는 환상까지 가질 수 있는 심리적 싹수가 이 때부터 무의식중에 그의 내면세계에 움틀 수 있었다고 볼 수가 있다. 역으로 그가 이린 나이에 대상을 따라 인도까지 줄행랑을 친 터에 재수없게 강도들에게 팔릴 수도 있었다. 만일 그가 강도에게 팔렸다면 그는 후일 역사에 남는 대도가 되었을 것이다. 그러고 보면 예수는 재수가 아주 좋았던 것이다. 나쁜 것을 배운게 아니라 좋은 것을 배울 수 있었기 때문이다.

제2절

배우지 말았어야 할 술수

예수가 그 어린 나이에 절간에서 이사(Issa) 스님이라는 법명까지 받았다. 공자의 가르침이 몸에 배어서 넘쳐났던 것일까? 슬슬 욕심이 생겨난 것이다. 네팔의 이름 없는 절간에서 단순하게 수도 생활만 하고 있던 예수에게 귀가 솔깃한 정보가 들어 왔다. 이웃 나라 티벳의 수도 히말라야 꼭대기에 있는 라싸 사원의 주지 스님 멘그스데는 당시 세상을 뒤집을 수 있는 초능력의 소유자라는 얘기가 그의 귀에 들렸다. 온갖 요술과 심령술로 죽은 사람도 살리고 물 위로도 걸어가고 히말라야의 높은 산꼭대기도 축지법으로 훌훌 날아올라 다니고, 멀쩡한 사람도 앞에 놓고 손쉽게 홀릴 수 있고, 떡 다섯 개로 수백 명도 먹이고, 바람도 잠들게 하고,

미운 놈은 말 한 마디로 죽일 수도 있고, 물로 술도 빚을 수 있고, 인간이 가히 신의 경지에 갈 수 있는 영통술을 멘그스데 주지 스님이 가지고 있다는 소문을 듣는 순간 예수는 이미 자기가 신이 될 꿈을 꾼 것 같다.

  티벳의 수도 라싸는 히말라야의 꼭대기 험산준령, 어지간히 독한 마음을 가지지 않고는 감히 그곳까지 갈 엄두를 낼 수가 없는 터였다. 지금이야 포장도로도 있고 찻길도 있고 포장도 되어 있지만 그 당시는 지구가 태어난 그대로의 험산준령여서 길이 있을 리가 없고 교통수단이라야 낙타가 더리디러 있었을 터인데 예수가 그런 걸 모를 리가 없다. 거길 가기 위해 한동안 노자를 저축해야만 했다. 절간에서 시주 받는 걸 한 푼 두 푼 허리춤에 넣어 놓았다가 어느 정도 모은 후에 드디어 네팔을 뒤로 하고 대상과 원주민들의 안내를 받아 가면서 죽을 고비를 넘긴 것이다. 드디어 그가 꿈에도 그리던 라싸 사원에 가서 주지 스님 멘그스데의 허락을 받아 이사 스님이란 법명으로 멘그스데 앞에서 무릎 꿇고 6년이란 시간을 투자해서 온갖 심령술과 술수를 몸에 익힐 수가 있었다. 처음 시작할 때 멘그스는 준엄하게 서약을 받았다. 이제부터 나에게서 배우는 심령술은 절대로 사적 이익이나 목적을 위해서 쓰지 않겠다는 서약을 받고 하나 하나

전수해 주었다. 이사 스님이 하도 정열적으로 수도를 해서 멘그스데는 자기가 가지고 있는 모든 심령술과 요술을 모두 다 전수해 주었다.

그 모든 술수를 배운 예수는 마음이 달라지기 시작했다. 이대로 내가 이 험한 산 속에서 내 인생을 썩힐 수는 없는 것, 이 재주를 가지고 내가 고향으로 가서 하나님의 아들 곧 신으로 등장해도 될 자신이 생긴 것이다. 여기서부터 그의 마음이 이상해지기 시작한 것이다. 새록새록 인간의 한없는 야욕이 싹튼 것이다. 배우지 말았어야 할 신통술, 심령술을 배운 죄로 그는 스스로 인간이기를 부인하고 신의 경지를 헤매기 시작한 것이다. 그래서 그는 어린 나이에 배운 하나님이 떠올랐다. 자기는 그 하나님의 아들, 곧 자기 아버지를 닮아서 자기도 신(神)이 되는 것이다.

제3절

표절의 기술 개시

　30세에 드디어 그는 자기 고향 예루살렘으로 돌아왔다. 17년 만에 자기 집에 돌아갔으나 그의 모친 외에는 아무도 그를 거들떠보지 않았다(신약외경). 며칠 머물다 집을 나설 수밖에 없었다. 그 때 만난 것이 막달라 마리아, 그의 첫 번째 여인이자 아내가 된 것이다. 그는 예루살렘으로 돌아가서 그 누구에게도 자기가 그 동안 17년간 인도, 네팔, 티벳에 가서 중노릇을 했다는 말을 입에 뻥끗도 않았다. 티벳 사원의 멘그스데에게서 전수받은 온갖 심령 치료술과 마술, 요술의 실력을 슬슬 행하면서 일약 자기가 하나님의 아들이라고 외치기 시작했다. 이때 막달라 마리아도 속아서 예수가 진짜 하나님의 아들이라고 믿고 그를 성심 성의껏 내조한다. 제자도 하나둘 생기기 시작, 동양철학에 대해서는 전혀 들어보지 못했던 이스라엘 백성에게는 그의 가르침이 전부 들어보지 못했던 얘기들인지라 진짜 하나님의 새 복음으로만 믿고 받아드리기 시작한다. 서서히 그의 활동 발판이 굳어지면서 그는 석가모니에게서 깨우침을 받은 것을 하나님의 음성이라고 속였다. 그리고 멘그스데에게서 배운 대로 물위로 걷기도 하고 바람을 잠자게 하기도 하였다. 그리고 많은 군중이 광야에 모여 자기 얘기를 듣는 무리들에게 오병이어의 기적도 행한다. 병든 자를 고치기도 한다. 그가 외치는 말들은 대부분 불교의 경전 법화경에서 주로 인용한 것이다. 법화경이 무언지 전혀 모르고 있는 이스라엘 사람들에게 굳이 법화경이라는 것을 까밝힐 필요도 없었다. 자기가 자기 아버지 하나님에게서 받은 진리로 둔갑한 것이다. 이것이 곧 그의 표절 기술인데, 『법화경과 신약성경』(민희식 교수 저)이 그의 표절을 만천하에 고발하게 된 것이다. 물론 예수의 표절 행위를 고발한 학자는 외국에도 허다하고 예수를 고발한 책자도 한두 권이 아니다. 다만 우리나라 학자가 평생을 바쳐서 분석한 책을 중심으로 몇 가지 인용해 보기로 한다.

구약 각 책에 대해서 민희식 교수는 또 한 권의 책을 썼다. 『성서의 뿌리』가 그것이다(도서출판 불루리본, 2015). 과연 민기식 교수와 이 책은 어떠한 책일까? 외국의 저명한 석학들이 그 책 표지에 쓴 추천의 글을 통해서 알아보자. 앙티떼아뜨르 작가인 유진 이오네스코(Eugene Ionesco)는 "방대한 자료와 심도 있는 탐구로 오리게넷 이후 왜곡되어 있는 종교사를 바로잡아 주는 큰 획을 긋는 명저이다."라고 적고 있다. 또 프랑스 안티로망의 기수 로브그리예(Alain Robbe Grillet)는 "이 책을 읽으면서 걸작이라는 말이 저절로 새어나왔다. 종교는 물론 역사와 고고학의 묘미마저 느끼게 해주는 획기적 명저이다. 프랑스에 석학 뷔르누프(Burnouf)가 있다면 한국에는 민희시 박사가 있나. 그의 통찰력과 천재성으로 가득 찬 역작 『성서의 뿌리』에 경의를 표한다."고 감탄하고 있다.

이 책에 대한 추천의 말은 표지 후면 뒷면에서 계속되고 있다. 보스턴 대학 학장 데이빗 퍼니(David E. Fernie)는 "세계적 종교학자 민희식 박사님의 『성서의 뿌리』는 세계 고대문명 지역을 넘나들며 성서의 발생과 흐름을 폭 넓게 조명하는 이른바 우물 밖에서 보는 성서이다. 독실한 기독교인임을 자처해 온 본인도 이 책을 읽으면서 성서에서 미처 알지 못하였던 새로운 면모를 비로소 알게 되었음을 고백할 수밖에 없다. 이렇게 뛰어난 저술을 추천하게 되어 더없이 기쁜 나를 포함한 미국의 독자들 모두에게 단비와 같은 감동을 주고 있다."고 극찬을 아끼지 않고 있다. 또 전 주한 파키스탄 대사 마수드 칼리드 (Masood Khalid)도 한 마디 추천하고 있다. "알렉산더 대왕 이래로 동서문화의 교류가 가장 활발했던 지역이 메소포타미아와 간다라이다. 그 넓은 지역을 답사하고 방대한 문헌과 고고학 학자의 냉철한 눈으로 분석하는 민 박사님의 모습에 깊은 감명을 받았다."고 적고 있다. 그리고 또 미국의 전 민주당 대통령 후보였던 죤 케리(John Kerry) 상원의원은 이렇게 감탄하고 있다. "미국과 유럽의 종교학계에서 탁월한 연구로 정평이 나있는 한국이 낳은 석학 민희식 박사님의 또 하나의 명저이다. 역사 고고학 자료와 함께 조명되는 『성서의 뿌리』는 성서의 올바른 이해를 돕는 필수적 길잡이이다."

그리고 한국의 두 분 목사님들도 이 책을 적극 추천한다고 다음과 같이 추천사를 쓰고 있다. "우리 기독교인들은 성서의 말씀에 따른다고 하지만 부끄럽게도 성서의 원류가 무엇이며 어떻게 형성되었는지조차 거의 알지 못한다. 일생을 목회자로서 주님께 바쳐온 나로서는 『성서의 뿌리』를 통해 지금까지 알지 못하였던 성서의 진정한 면모를 알게 되어 더 없이 기쁘다. 성도 여러분에게 이 책을 적극 추천한다."

고 말하고 있다.(대한예수교장로회 목사 박옥래, 장로교 합동정통 목사 차우정)

민희식 박사(한양대 명예교수)야말로 세계적으로 명성을 떨친 불문학자요, 비교종교학의 대가이다. 그의 이 두 권의 저서는 기독교 세력들조차 반박하지 못하고 오히려 양심적인 신학교 교수들 중엔 그를 초빙해서 그의 강의를 신학생들에게 들려주기도 한다. 이상에서 세계의 석학들이 극구 칭찬하고 있는 것처럼 민희식 박사는 한국의 보물이고 세계의 보물이다. 그가 저술한 두 권의 내용을 여기서 전부 설명할 수는 없다. 『성서의 뿌리』는 주로 구약의 원전을 밝히고 있고 『법화경과 신약성서』는 책의 이름대로 신약은 예수가 법화경을 표절한 내용을 조목조목 고발하고 있다. 다만 독자 제현에게 필독을 간곡히 권할 따름이다. 내용 중 일부는 후술하기로 하고 우선 그의 저서 책 표지 벨트에서 그가 주장한 문장을 살펴보면 이 저작들이 무엇을 제시하고 있는지 짐작할 수가 있다. 그는 '이것이 성서의 원전이다'라고 크게 적고 이 책을 읽지 않고 성서를 말하지 말라고 경고한다. 성서는 어디서 베껴 왔나하고 묻고 있다. 예수가 표절했다는 단어는 피하고 있다. 그리고 이 벨트에서는 또 성서를 베껴온 출처를 낱낱이 밝힌다고 하였고 성서는 희랍, 중근동 민족 신화의 표절과 편집판이라고도 하면서 역사 고고학에 근거하여 성서에 대한 명백한 증거를 제시한다고 말하고 있다. 이 벨트 뒷면에서는 "성서는 바로 여기서 베껴오고 편집되었다."라고 하면서 그 근거를 대고 있고 "수천 년간 쉬쉬해 온 성서의 숨겨진 사실들을 밝힌다."라면서 이 책을 소개 하고 있다.

민희식 교수의 또 하나의 명저『법화경과 신약성서』에 대해서도 많은 추천사가 책 표지에 적혀 있다. 고려대 한승조 명예교수는 "석가모니와 예수는 사실 한 뿌리의 두 봉오리이다. 이 사실을 입증한 것이 바로 세계적 비교종교학자 민희식 교수의 명저『법화경과 신약성서』이다. 그 동안 바티칸 비밀 서고에 감추어져 있던 비밀문서를 입수하여 예수의 인도, 파키스탄(간다라), 티벳에서의 불교 수행, 기독교의 사상적 뿌리, 그리고 숨겨져 왔던 역사적 진실들을 명쾌하게 밝혀낸 놀라운 책이다."라고 쓰고 있다. 또한 대한불교 조계종 고불총림백양사 방장 스님은 이런 추천사를 남겼다. "종교간 갈등으로 세계 평화가 위협 받고 있는 오늘날은 자신이 신봉하는 종교뿐만 아니라 타종교에 대해서도 대승적 이해와 존중이 필요한 때이다. 이러한 시기에 발간된 민희식 박사님의『법화경과 신약성서』야말로 세계 종교를 폭 넓게 조명함으로써 타종교에 대한 무지와 몰이해, 편견과 아집에서 벗어나 세계인을 이해와 평화 공존의 장으로 이끄는 명저라 아니할 수 없다. 모든 분들에게 필독을 적극 권하는 바이다." 대한예수교 장로회 박옥래 목사의 추천사는 이렇다. "우리가 예수님의 참모습과 가르침을 알지 못하면서 예수님을 사랑한다고 할 수는 없다. 일생을 목회자로서 주님께 바쳐온 나로서는 『법화경과 신약성서』를 통해 주님의 참모습을 보게 되어 더없이 기쁘다. 예수님의 참모습을 보는 것이 참된 예수님 사랑임을 알아야 한다. 그렇게 함으로써 우리는 예수님의 참뜻에 따라 사는 진정한 기독교인이 되는 것이다. 모든 교우 형제자매 여러분에게 이 책을 적극 추천한다." 그리고 게오르규 신부는 민희식 교수의 자택을 방문하여 이런 추천사를 남겼다. "주여, 저를 당신의 도구로 써 주소서. 사람은 각자 그 직분에 충실하고 최선을 다하는 것이 바로 하나님의 뜻을 따르는 것이요, 모든 인류에 봉사하는 것이다. 학자는 마땅히 진리를 탐구하고 만인을 위해 밝히는 것이 하나님의 뜻을 따르는 것. 하나님께서 민희식 박사님의 헌신적 연구와 천재적 영감으로 가득 찬 글을 통해 우리에게 예수님을 더 환히 밝혀 주신 데 대해 감사드린다. 나의 가장 사랑하는 오랜 벗 민희식 박사님, 항상 신의 가호가 있기를...." 이 책의 선전지에서는 이 책은 기독교의 뿌리가 불교라는 사실을 입증하여 종교계에 일대 센세이션을 일으킨 책이라고 선전하고 있다.

예수가 소소한 것을 표절하였다면 굳이 이제 와서 그런 것까지 허물이라고 비난하지 않아도 된다. 그러나 예수가 그의 뿌리 성서를 불교의 가르침에서 표절했다면 그냥 넘어갈 수가 없는 것이다. 성서라는 것이 불교의 경전과 석가모니의 가르침을 속이고 자기 아버지 하나님에게서 받은 말씀이라고 속이는 것은, 전기불도 없는 어둠의 세계도 아니고 이 대명천지에서 그대로 속고 넘어갈 성질의 것이 아니다. 도둑질도 이렇게 큰 도둑질이 있을 수 없고 표절도 이 정도면 가히 역사적 대도(大盜), 역사적 표절, 기네스북감이라 해야 할 정도임을 알아야 한다. 표절의 기술로 그의 성서를 만들고 스스로 하나님의 아들, 삼위일체 성자로 군림하고 신으로 행세한 것은 정말로 역사적인 도둑질인 것이다.

민희식 박사의 저술에 의하면 기독교의 성서는 깡그리 다 불교에서, 주로 법화경을 표절한 것이라고 지적하고 있다. 여기서 그 내용을 다 소개할 수는 없으나 다만 몇 가지 예를 드는 것은 독자들의 궁금증을 해소하는 데 도움이 될 수 있다. 여기서는 법화경과 신약성서에서 예수가 어떤 식으로 표절 행위를 했는지 몇 가지 예를 보는 것도 흥미로울 수 있다.

예수한테 배웠는가? 대부분의 목회자들은 남의 설교를 카피해 먹고 살고 있다. 서점에서 잘 팔리는 것의 하나가 설교집이고 그 구독자는 100% 목회자들이다. 스스로 연구하고 묵상하고 기도해서 하는 설교로는 매주 무언가 떠들어야 하는데 밑천이 달려서 천상 다른 목회자들이 떠드는 내용을 표절하는 수밖에 없다. 표절하지 않고는 생존이 불가능하기 때문이다.

목회자들의 표절은 당장 먹고 살기 위해서다. 예수의 표절은 차원이 다르다. 자기 스스로 삼위일체의 하나인 성자, 즉 신의 신분을 수장해야 하니까 자기가 아는 모든 사기술을 총동원하는 수밖에 없다. 그것이 곧 법화경을 표절하는 길이다.

민희식 교수는 법화경과 신약성경을 한 문장 한 문장 지적하면서 예수의 표절 행위를 적발하고 있다. 표절이란 남의 사상이나 이념을 자기 것처럼 주장하는 것으로, 남의 책을 그대로 베껴 먹는 것은 변명의 여지가 없는 잘못된 표절 행위이다. 민 교수는 예수가 신약성경에 베낀 것들을 지적해서 496쪽짜리 책 한 권이 다 된 것이다. 그것을 여기서 다 옮길 수는 없다. 본 저자가 예수의 표절을 비판하면서 내 자신이 민 교수의 저작을 표절하는 것이기 때문이다. 다만 그가 지적한 것들 중 우리가 상식적으로 다 알고 있는 대표적 구절들 몇 개를 예로 들면서 그의 저서를 필독할 것을 권고하는 일을 하고 싶을 따름임을 밝혀둔다.

제5장

성현들이 말하는 예수와 기독교

제5장 성현들이 말하는 예수와 기독교

제1절

모든 신앙인들의 공통점

막스. 레닌이 그랬던가? 종교는 아편이라고. 공산주의 사회에서는 종교는 절대 금물이다. 왜? 종교는 아편이기 때문이다. 신앙이라는 것은 특정 종교 교리에 도취되는 것을 의미한다. 더 심하게 도취될수록 신앙심이 강한 것으로 인정된다. 자기들 세계에서의 사회적 인정(social recognition)이 강력해지는 데서 오는 만족감이다. 모든 인간들은 사회 규범에 동조해서 인간들로부터 인정을 받기 위해서 행동한다는 것은 사회심리학의 초보적 지식이다. 종교적 신앙에 도취된다는 것은 마약에 도취되는 것과 동일하다고 프로이드는 진단

한다. 프로이드에 의하면 신의 관념은 환상이고 모든 종교는 환상이고 도취이기 때문에 비판 정신이 마비되고 자기 자신을 포기하게 된다. 신앙은 취하는 것이다. 술에 취한 거나 마약에 취하거나 취하기는 마찬가지라는 것이다. 취한 사람은 자기 자신이 취해 있는 것을 모르는 것이 공통된 특징이다. 취한 상태는 인간을 바보로 만드는 기능도 있다. 술에 취한 사람들, 마약에 취한 사람들이 많을수록 그 사회는 병든 사회다. 신앙에 미친 사람이 많을수록 사회적으로 골치 아픈 것도 마찬가지다. 한국은 전 세계에서 기독교 신자가 제일 많은 나라(인구 비율)이고 세계 십대 교회 건물 중에 가장 크기로 유명한 교회가 한국에 있고, 세계에서 가장 큰 교회 세 개가 한국에 있다. 만일 기독교 신앙이 인간들을 올바르게 인도한다면 세상 건물들을 십자가로 장식해 놓은 한국 사회에서는 범죄가 없어야 하는 것이 아닌가? 이것은 역설적으로 신앙인이 많다는 현상, 즉 미친 사람이 많다는 얘기이다. 프로이드는 종교적 신앙이란 강박성, 신경증이라고 진단하고 환상 현상을 촉진하는 종교는 폐기해야 한다고 주장하고 있다.

건물 옥상에 십자가가 제일 많은 한국 사회에서 요즘 매스컴 보도에 의하면 가장 흉악한 범죄는 목사들과 신학생들에 의해서 저질러지고 있다. 바티칸에서는 신부와 수녀들의 성범죄로 인한 보상비 예산이 매년 크게 증폭되고 있는 것도 사실이다. 한 통계에 의하면 미국의 LA 지역에서만도 한 해에 성직자들에 의한 성범죄가 연간 5천 건이 넘는다는 것이다.

신앙인들은 취하고 마비된 상태에서 스스로를 돌이켜 세계의 성현들이 예수와 기독교에 대해서 뭐라고 하는지 귀를 기울여야한다.

제2절

컴퓨터는 기독교의 적(敵)인가

좀 역설적인 얘기지만, 일찍이 컴퓨터가 없었던 덕분으로 기독교가 오늘날까지 존재해 올 수 있었다고 볼 수도 있다. 왜냐하면 기독교는 근 2천 년 전 과학이라는 개념도 없고 미신과 암흑이 지배하던 시대에 형성되었고 그것이 종교라는 이름으로 오늘까지 버젓이 이어져오고 있다. 종교, 신앙

이런 것은 보통의 이념이나 사상보다 강하다. 왜냐하면 종교는 영혼을 지배하고 신과의 관계를 맺어주기 때문에 나약한 인간이 그 강력한 신과 결별한다는 것은 엄청난 고통을 주기 때문이다. 저 암흑시대에 신을 붙들고 산다는 것은 곧 그 자신의 생명과 같았다. 암흑시대, 미신 시대에서는 몽매한 인간들을 속이기도 쉽고 그 거짓말이 탄로 날 위험이 거의 없었다. 그러나 이제는 다르다. 대명천지 과학시대는 인간이 깰 대로 깼다. 오늘날의 어린것들도 옛날의 소위 선지자들보다 IQ가 높고 현명하다. 잘 속지 않는다. 그래서 전 세계적으로 모든 교회에는 노인들뿐이고 젊은 인구가 잘 안 보인다 하여 이른바 교회의 '회색화'라는 말도 생겨났다. 허연 머릿발을 한 구부정한 노인들뿐이라는 말이다. 이렇게 되는 데는 물론 기독교 자체가 지니고 있는 한계성 때문이지만, 오늘의 과학, 특히 컴퓨터가 생겨난 후로는 2천 년 간이나 속여 오고 감추어 왔던 일들이 하나 하나 세상에 까밝혀지게 되었다. 더 이상 현대인들을 옛날처럼 속이기 힘들어진 것이다.

컴퓨터를 켜면 인터넷이라는 것이 있지 않은가? 이 인터넷에 들어가 보면 기독교가, 예수가 지금까지 감추어 놓고 있는 모든 비밀과 거짓말들을 과학적 자료에 근거해서 조목조목 까밝히고 있다. 이 책이 가능하게 된 것도 인터넷 덕분이다. 성서와 모든 신학 서적들에서 감추고 있는 사실-예수가 13세에서 29세까지 인도, 네팔, 티벳에서 이사(Issa)라는 법명을 가진 절간의 스님이었다는 사실-부터 십자가에서 죽은 것이 아니라 프랑스로 피신해서 84세까지 살다가 죽은 사실과 그의 묘 사진까지 소상하게 만천하에 공개되고 있는 것이다.

다만, 여기서는 우리가 궁금하게 여기는 명제, 과연 예수에 대해서 성현들은 뭐라고 지적하고 있는지를 알아볼 필요가 있는데, 그에 관한 자료를 잘 정리한 글들이 허다하다. 그 자료들을 바탕으로 성현늘이 말하는 예수와 기독교에 대해서 정리해 본다.

제3절

역사적 정치 지도자들이 지적하는 예수와 기독교

첫 머리에, 우리 국민 대다수가 존경하고 신뢰하는 우리의 민족 지도자 백범 김 구 선생, 그 분은 과연 예수를 뭐라고 말씀하셨을까? "자기를 믿지 않아 지옥불에 떨어뜨린다는 것이 겨우 신이 하는 짓이라면 차라리 나를 믿는 것이 낫다."고 그는 정면으로 꼬집었다. 맞는 말이다. 기독교의 신(神) 예수의 아버지가 전지전능하다고 선전하면서 자기 외아들 예수 하나만을 믿어야 천당에 가고 그렇지 않으면 억만 년 지옥불에서 고통을 받게 한다면 그런 신은 인류의 단합된 힘으로 단호히 배격해야 옳다. 빌리 그라함과 더불어 전 지구복음화를 위해 20세기 복음화를 책임지고 70 평생을 하나님과 더불어 살아오다가 늘그막에 모처럼 시간이 나서 구약을 그의 생애 처음(for the first time in may life) 읽고 구약은 악마의 글이고 기독교는 허구라는 것을 깨닫고 『FAREWELL TO GOD』라는 책으로 하나님과 작별한 신학자 챨스 템플톤에 의하면 이 지구상에는 신학적으로 신으로 분류되는 신이 300개이고 민속 신앙까지 합치면 3,000개의 신이 있는데 그 많은 신들 중 오직 예수의 아버지라는 여호와 하나님만 믿어야 구원을 받을 수 있다면 예수 이전에 이 지구를 다녀간 그 무한한 수의 영혼들과 지구에 사는 인구 중 예수라는 말도 못 들어 본 인간들은 모두 지옥 간다는 게 말이 안 된다는 것을 뒤늦게 깨달은 신학자의 말도 귀담아 들어야 한다. 그리고 역사가 존경하는 미국의 제3대 대통령 토마스 제퍼슨(Thomas Jefferson)은 정치 지도자이고 미국 건국의 정치인이며 자유교육의 터전을 마련한 위인이다. 그는 이른바 『토마스 제퍼슨의 성서』라는 책이 있을 정도로 기독교와 종교에 대해서도 혜안을 가지고 있다. 제퍼슨은 과연 예수, 기독교를 뭐라고 했을까? 한 권의 책이 엮어질 정도로 그는 대통령에 재직하면서도 기독교에 대해서는 많은 말과 글을 남겼다. 그의 지적 중 몇 가지만을 여기서 인용해 보자. 그의 지적 중 가장 많이 인용되는 말은 이렇다. "구약은 성경이라기보다 악마가 쓴 책이다. 기독교가 진정 하나님을 위하려면 당장 구약은 폐기해야 한다." 그는 현직 대통령으로서 구약 폐기 운동의 선봉에 섰던 지도자이다. 그는 또 이런 말도 남겼다. "최근에 나는 세계적으로 잘 알려져 있는 신화들(미신들)을 살펴보았거니와 우리의 특별한 미신(기독교 신앙)이 다른 것에 비해 더 낫다는 점을 발견하지 못했다. 기독교 신앙을 포함해서 모든 미신들은 한결같이 우화와 신화에 그 뿌리를 두고 있는 것이 밝혀졌다. 기독교의 신은 잔인하고 복수심이 많으며, 변덕스럽고, 불공평하고, 잔인한 성품의 소유자임이 확실하다." 그는 또 이런 말도 했다. "기독교는 인류가 연마한 모든 제도 가운데 가장 타락한 시스템이다." 제퍼슨이 지적한 말 가운데 가장 통렬한 지적의 하나는 다음과 같은 지적이다. "기독교가 이 세상에 들어온 이래 지금까지 수백만 명의 남자와 여자, 그리고 어린것들이 화형을 당하고 고문을 받고, 벌금 내고 감옥에 가두어졌다. 기독교는 세계 인구의 반을 바보로 만들었으며 나머지 반을 위선자로 만들었다."

미국 건국의 아버지라고 하는 죠지 워싱톤(George Washington)은 이런 말을 남기고 있다. "종교는 신의 이름을 빌려서 인간을 타락시키고 학대해 왔다는 것이 점점 밝혀지고 있으며 심지어 어떤 경우에는 성직자들이 자신들의 목적을 달성하기 위해서 자기 말을 안듣는 사람들을 악한 자로 만들기까지 한다." 흑인 노예를 해방시킨 아부라함 링컨(Abraham Lincoln)도 한 마디 거들고 있다. "기독교에서 주장하는 구원이라는 것과 성경에서 말하는 인간의 기원설은 결코 믿을 수 없다는 나의 처음 관점은 시간이 지날수록 더욱 분명해지고 있으며 그러한 나의 생각을 바꾸어야 하겠다고 생각할 아무런 단서도 발견할 수가 없다." 그리고 벤자민 프랭클린은 어린 나이에 이미 기독교의 허황된 것을 알았다는 것이다. "나는 기독교의 교리가 분명하지 않았다는 것을 일찍부터 알았다. 그래서 어렸을 때부터 나 스스로 기독교 집회 행사에 참석하지 않았다." 벤자민 프랭클린도 짤막하게 콕 쏘고 있다. "차라리 등대가 교회보다 유익하다."고 했다. 또 저 유명한 무저항의지도자 간디는 기독교의 범죄를 간략한 말로 통렬히 지적하고 있다. "역사에 기록된 가장 극악하고 잔인한 범죄들은 종교 또는 그와 유사한 명목으로 행해져 왔다. 기독교도 예외가 아니다." 나폴레옹은 "지식과 역사는 종교의 적이고 역시 종교는 지식과 역사의 적이다."라고 했다.

제4절

세계적 지성들이 지적하는 예수와 기독교

먼저 우리나라 학자들이 뭐라고 지적하고 있는지 알아보자. 워낙 많은 지성들이 기독교에 대해서 비판의 글들을 올리고 있기 때문에 그것들을 모두 소개하기에는 지면이 허락하지 않는다. 독자의 입장에서 공감이 되는 글들 중 다소 신랄하게 비판한 한 예를 보자. 재미 철학자인 이상봉 교수의 논조는 명확하다. "기독교 교인들은 이승도 잘 모르면서 저승에 대해서 가보기나 한 것처럼 설치고, 제 마음도 모르면서 하늘의 뜻을 다 알고 있는 것처럼 설쳐대고, 사랑이 뭔지도 모르면서 하나님의 사랑을 받고 있는 것처럼

설치고, 같은 인간들끼리도 대화를 하지 못하면서 하나님과 항상 대화하고 있다고 설치고, 죄는 사람들에게 저질러

놓고 하나님 앞에 죄지었다고 떠들고, 이 세상에 살고 있으면서 이 세상의 잣대로 자기를 비판하지 말라고 떠들어대는 사람들의 집단이다."라고 지적하였다. 또 우리 독자들에게 널리 알려진 김용옥 교수도 한마디 거들고 있다. "기독교는 교리에 문제가 있다. 그 교리가 저급하고 유치하고 모순투성이이며 독선적이며 배타적이다. 오늘 우리 20세기를 회고해 볼 때 20세기 최대의 죄악은 바로 악마와 천사라고 하는 얄팍한 기독교적 교리 속에서 세상을 보았던 윤리적 이원성이다."고 꼬집고 있다.

이국 지성들의 얘기도 들어 보자. 먼저 아인슈타인은 "미신들의 공통점은 사람들을 먼저 두렵게 만들어 놓은 후 돈을 요구하는 점이다. 그렇게 선량한 사람들과 무지한 사람들로부터 돈을 뽑아낸다. 돈을 적게 내면 지옥에 간다든가, 돈을 적게 내면 불행이 오고 많이 내면 복이 온다든가, 이렇게 말하는 사람들의 속임수에 넘어가지 말라. 신은 물론이고 귀신들조차도 돈을 가지고 지저분한 장난은 치지 않는다. 성경은 유치하고 원시적인 전설의 집대성에 불과하다."고 말했다. 돈 많이 내고 천당에 가겠다는 맹신도들은 귀담아 들을 얘기다. 교회 지도자들이 '예수 팔아 빵 사 먹는다'는 말이 이런데서 나오는 말이다. 아인슈타인은 또 이런 말도 하였다. "나는 성경에 나오는 대부분의 이야기들은 결코 사실일 수 없다는 확신을 가지게 되었다. 그래서 나는 열정적인 자유사상가가 되었고 국가는 고의로 젊은이들을 기만하고 있다는 확신을 가지게 되었다. 이 태도는 근본적으로 내 일생을 통해서 지속되었다."

톨스토이의 충고도 들어야 한다. 그가 지적하는 바에 의하면 "기독교인들은 야만적인 최면술과 기만에 속고 있으면서 자기들이야말로 진실한 종교의 소지자라고 자만하고 있는 자들이다. 교회의 기만적인 최면술에 사로잡힌 결과 자기들에게 주입된 종교를 진실하고 유일한 종교로 착각하고 그 밖에는 다른 어떠한 종교도 종교가 아니며 또 있을 수도 없다고 생각하는 무지몽매한 민중들이 기독교도들이다." 토인비는 또 뭐라고 지적하고 있는가? "신의 전능함을 그럴듯하게 꾸미기 위해 악마도 신이 만든 것이라고 보고 있으면서 그러면서도 신은 자기가 만든 악마의 행위에 대해서는 전혀 책임이 없다고 꼬리를 뺀다. 나는 신의 본질, 하나님의 개념을 믿지 않는다."고 하였다. 장 자크 루쏘의 지적도 따끔하다. "만약 지상에 단 하나만의 종교가 있어서 그것을 믿지 않는 자에게는 영원한 고통만 있다면 그런 종교의 신은 가장 부정하고 잔인한 폭군일 따름이다. 구원 받기 위해서 기독교가 내세우는 그 신 하나만 믿어야 한다면 그것은 너무 잔인하고 무관용하다. 나는 스위스에서, 아들에게 기독교를 가르치지 않는 한 어머니를 본 일이 있다. 그 까닭은 이 조잡한 가르침에 만족해서 마음 문을 닫아버리면 이성이 깃들 나이에 도달했을 때 보다 나은 이성을 경멸하게 되는 것이 두려웠기 때문이다 라고 말하더라는 것이다." 토마스 에디슨은 또 뭐라고 말했던가? "내 평생 인격 신의 존재나 죽음 이후의 삶, 천국이나 지옥 등의 종교적 발상들에 대해서 눈곱만한 증거도 보지 못했다. 허깨비가 눈에 보이면 정신이상이다."

지성의 내표 버트란드 러셀은 무어라고 말하고 있을까? "종교는 지적인 면에서 뿐 아니라 도덕적인 면에서도 해롭다. 지적으로 유명한 대다수의 지성인들은 기독교를 불신하지만 그들은 대중에게 그 사실을 숨기고 있다. 혹시 수입원을 잃게 될까봐 두려워서이다. 나는 기독교의 근본 교리가 수많은 윤리적 오류를 범하고 있기 때문에 나는 기독교를 부인한다. 기독교를 따르지 않으면 모두 다 악한 사람이라고 주장하는데 내 눈으로 보기에는 기독교인들이 오히려 더 악한 일을 많이 하고 있다. 교회 조직을 가지고 있는 기독교라는 종교가 세계의 도덕적 진보의 적이고 지금도 그러하다고 신중하게 지적하고자 한다. 어리석은 자들은 기독교 신앙에 확신에 차있고, 지적이고 이성적인 자들은 기독교에 대해서 의심으로 차있다는 사실을 지적하지 않을 수 없다."고 길게 비판하고 있다.

세계 지성인들의 기독교 비판의 글들을 일일이 다 소개하자면 그것 한 가지로 책 몇 권 분량이 된다. 여기서는 끝으로 저 유명한 니체가 뭐라 하는지를 하나만 더 들어본다.

어떻게 보면 신이 죽었다고 말한 것으로 유명한 프리드리히 니체의 비판은 정말 통렬하다. 그는 이런 말부터 한다. "신약 성경을 읽을 때 나는 항상 장갑을 낀다. 왜냐하면 더러워서 만지고 싶지 않기 때문이다."정말로 다른 사람들이 미처 생각할 수도 없는 정도의 극렬한 비판이다. "인간이 하나님의 큰 실수 중 하나일까, 아니면 하나님이 인간의 큰 실수 중 하나일까? 믿음이란 무엇이 진실인지 알고 싶지 않다는 뜻이다. 신앙은 거짓보다 더 위험한 진실의 적이다." 라고 신앙하는 사람들의 외골수적 태도를 지적한다. 그리고 "기독교는 야만적인 개념과 가치로 중무장하고 필요하다면 주위의 민족들을 야만인이라는 명목으로 정복하는 것을 하나님의 지시라고 둘러댄다. 첫 자식을 제물로 바치고, 성찬식에서 피를 마시고 이성과 지혜에 대해서 경멸하고, 육체적·비육체적 온갖 고통과 고문을 정당화하는 것이 기독교 교리다. 그러면서 예수교는 인류에게 커다란 저주이며 본질적인 타락이며, 영원한 오점이다. 기독교의 가치관이란 반인간적이고 삶에 대해서 적대적이다. 따라서 예수교는 노예근성의 소유자들, 나약한 자들, 무능한 정신 질환자들에게만 적합한 종교이다."라고 신랄하게 기독교를 비판하고 있다. 니체가 유명하다는 것은 그만큼 그의 이와 같은 주장에 동조하는 사람들이 많다는 반증일 수도 있다. 기독교인들의 태도처럼 그냥 비웃어 버릴 만큼 무가치한 지적은 아닌 것 같다.

제5절

예수 가슴에 불상을 심어준 마니트라 스님

예수는 그 자신 총명하고 현명한데다 스승의 운도 타고난 사람이다. 민희식 교수에 의하면(법화경과 신약성서 P. 75), 예수는 당대의 세계적 성자 멘그스데와 거의 격을 같이 하는 마니트라 스님으로부터 티벳의 라싸사원에서 개인 교수격으로 불교 석가모니 사상을 사사할 수가 있었던 것이다. 마니트라는 예수에게 가장 기본이 되는 법(法)의 네 가지 의미에 대해서 가르쳤다. 첫째는; 이치에 맞는 특성에 관한 것으로 오늘날의 과학이나 수학적인 진리와 유사하다. 둘째는; 선과 자비에 관한 것으로 윤리성, 즉 집단생활에 있어서의 인간관계의 올바른 양식과 사회의 질서를 위해 지켜야할 규범에 관한 것이다.

셋째는; 공(空, sunya/수니아)과 무아에 대한 가르침으로 실제나 사물의 고정성을 인정하지 않고 모든 현상은 변하며 무상하므로, 고정된 자아를 내세우지 않고 남을 도와 서로 조화를 이루면서 바르게 사는 조화에 대한 가르침이다. 셋째는; 무아와 공(空)을 실천하기 위하여 집착을 떠나 자유롭게 사는 종교적 특성에 관한 것이다. 이것은 현대적으로 해석하면 종교성 속에 포용된 합리성, 윤리성, 조화성이다.

그리고 예수는 마니트라 스님의 가르침을 통해 사랑에 대해서 깊이 연구하였다는 것이다. 예수의 입에서 사랑을 설한 가르침은 이 마니트라 스님에게서 물려받은 것이다.

평범한 보통 사람도 스승을 잘 만나면 출세하는 것이 세상 이치다. 총명한 예수가 당대의 세계적 성자로 추앙받는 두 스님을 개인적 스승으로 모실 수 있었으니 세상에 이 이상의 복이 또 어디 있는가? 아마도 기독교인들이 이런 얘기를 들으면 그것부터가 하나님이 인도한 과정이라고 둘러 댈 수도 있는 일이다. 그럴 수도 있다. 그러나 예수의 결정적 실수는 (1)그런 얘기를 일체 안 하고 입을 딱 다문 점, (2)자기 신분이 불제자임에도 불구하고 한 마디 안 하고 자기가 하나님의 독생자라고 주장한 것, (3)불교 법전 법화경에서 글자까지 표절해서 그의 신약성서 공관 복음이 마치 자기가 히니님으로부터 받았다고 한 점이다. 바로 이 세 가지 거짓 행위 때문에 그는 더 이상 성자가 될 수 없고 그야말로 사기꾼, 표절의 표본아 라는 호칭을 면할 길이 없어진 것이다. 바로 이 점이 너무나 아깝고 슬프다. 그가 진짜 성인이고 참된 인간이라면 "나는 석가모니에게서 도를 깨우쳤다. 나의 스승은 누구다." 이렇게 사실을 온 천하에 공표했다면 그야말로 흠잡을 데 없는 세기적, 온 인류적 선지자의 반열에까지 옹립 받을 수 있는 현자(賢者)인 것이 틀림없었을 것이다. 또 그런 신분으로 기독교를 창립했다면 오늘날 이 저자가 이런 글을 써야할 고생을 할 필요도 없었을 것이다. 종교사회학적으로 그가 분명히 사기꾼이고 표절의 대가였는데도 지금까지의 기독교인들이 이런 사실을 까마득히 모르기 때문에 정신 차리라고 계몽하기 위해서 이 글을 쓰고 있는 것이다. 몽매에서 헤매는 중생들이 그릇된 교리와 그들 집단의 포로가 되어 이 자유롭고 넓은 우주적 광활한 상상력을 상실하고 있는 것이 결코 인류 발전에 걸림 돌이 되기 때문에 이처럼 장황한 글을 책으로 엮어야만 하는 것이 안타깝다. 너무나 아까운 일이다. 예수가 스스로의 야만적 욕심을 자제하고 자기 자신이 부처의 제자라는 것을 자기 입으로 밝히고 동양의 진리를 자기 조국 이스라엘을 중심으로 해서 중동과 서양 세계에 그 진리를 포교하는 일에 매진했다면 지난날 인류의 불행인 기독교의 범죄(조찬선 목사 저서의 책 제목)는 인류가 당하지 않을 수도 있었던 것이 아닌가? 예수 하나의 자기 욕망 때문에 기독교라는 집단이 생겨났고 이 집단 때문에 인류는 피를 흘려야만 했다. 모든 권위 있는 문헌에 의하면 세계의 모든 전쟁은 성서에 그 뿌리를 두고 있다는 것이 성서학자, 역사학자들의 공통된 지적이다. 예수 한 사람의 지나친 자기 욕심과 사기행각 때문에 역사를 두고 온 인류가 피를 흘린 것을 생각하면 오늘의 기독교는 이 순간 당장 문을 닫는 것이 양심적이다. 이제부터의 인류의 행복과 평화를 위해서도 우선 기독교는 전 유럽에서처럼 이 지구에서 사라져야 한다.

만일 하나님이라는 존재가 정의롭고 공평하다면 예수는 지금 지옥에 있어야 맞다. 구세주라는 명사, 그런 신분은 하나님 다음 신분이다. 그런 신분을 도용했다면 인류 역사상 가장 큰 도둑이다. 제일 큰 감투를 훔쳤기 때문에 제일 큰 도둑일 수밖에 없다. 변명의 여지가 없다.

제6절

민희식 박사에게 발각된 예수의 표절

민희식 박사의 저서 『법화경과 신약성서』를 보면 신약성서에서 제자들이 예수의 말이라고 한 내용들은 고스란히 법화경에 있는 그대로이다. 사실 신약성서는 423 페이지로 방대한데 이 중에서 소위 예수의 말이라고 하는 공관복음 4서 중 마태복음이 예수의 말을 가장 많이 나열했고 다른 세 복음서에서 예수의 말이라고 적은 것은 마태복음서의 일부이다. 마태복음서에서 예수의 말이라고 붉은 색깔로 인쇄된 부분을 전부 합치면 성경책 사이즈로 불과 35 페이지 밖에 안 된다. 성경책 전체에서 예수가 말했다는 것은 성경책의 불과 8.2% 밖에 안 된다. 그런데 이것이나마 90% 이상이 불교의 법화경의 문장과 닮았다. 표절인 것이다. 예수가 자기 입으로 하나님으로부터 받은 진리의 말씀이라고 속이지 않고 부처님으로부터 깨우침을 받은 것이라고 고백했던들 예수는 표절의 대도(大盜)라는 누명을 쓰지 않고 크게 깨우침을 받은 의인이고 동서양 문명의 교량 역할을 한 훌륭한 스승으로 대접 받을 수 있는 업적을 쌓은 것이라고 칭송될 일이었다. 여기서 민희식 박사에게 발각된 예수의 표절의 예를 그의 저서에서 몇 가지를 옮겨 적어본다.

『법화경과 신약성서』 P. 104-121 제6절 불교성전과 신약성서의 유사점이라는 節에서 집중적으로 지적하고 있는 중 일부를 소개해 본다.(P 106~112)

1) 수태고지(受胎告知):
석가모니의 어머니 마야 부인은 여덟 가지 계행을 지키기 위해 남편과 동침하지 않은 채 석가모니를 잉태했다고 불경

에 기록되어 있다. 마찬가지로 예수는 성령 잉태. 마리아는 요셉과 약혼만 하고 동침하지 않은 상태에서 성령으로 잉태했다고 성경은 기록하고 있다.

2) 시므온 이야기:

아기 석가가 탄생했을 때 선인 아사타가 경배. 아기 예수가 탄생했을 때는 시므온이 경배

3) 총명함을 보임:

브라만 신학자들을 놀라게 하는 어린 석가. 석가는 매우 총명하여 스승들을 놀라게 했다고 한다. 또한 무술과 스포츠에도 매우 뛰어나 이를 묘사하는 많은 부조물들이 있다. 이와 마찬가지로 예수는 유대 신학자들을 놀라게 했다고 성경에 기록했다 (누가복음 2장 41~50)

4) 석가와 예수의 세례:

석가의 세례에서는 연꽃이 피어나고 파랑새가 난다. 예수의 세례에서는 비둘기가 난다. 석가의 태자책봉식에서 왕이 손으로 태자의 이마에 물을 끼얹고 '그대는 나의 후계자이니라'하고 선언하자 하늘에서 "좋도다, 좋도다."하는 소리가 들려오고 하늘에서 청작(파랑새) 500마리가 날아 내려왔다. 예수는 요단강에서 요한이 예수에게 세례를 하자 하늘에서 "너는 나의 아들이라."하는 소리가 들려오고 흰 비둘기가

날아 내렸다.

5) 광야에서의 시험:

마귀가 금식하는 석가에게 음식으로 유혹하자 "밥으로만 사는 것이 아니라 광음천처럼 기쁨을 양식으로 먹고 산다."라고 대답했다. 예수도 마찬가지로 광야에서 금식할 때 마귀가 나타나 예수를 시험하여 '돌을 떡으로 만들어 보라'고 하자, "사람이 떡으로만 살 것이 아니요, 하나님의 입으로 나오는 말씀으로 살 것이니라."고 대답했다. 이처럼 광야에서 마귀의 시험에 드는 것조차 예수와 석가는 닮은꼴로 묘사하고 있다.

6) 물 위를 걷는 기적:

〈증일아함경 15-2〉〈본경생 무쌍품〉의 석가가 물위를 걸어간 것처럼 예수는 호수를 걸어서 건넜다.(마태복음 14장 22~29절) 이처럼 물 위를 걷는 부양술은 예수가 티벳의 라싸 사원에서 미니트라 스님으로부터 연수받은 요술의 하나이다.

7) 우물가의 여인 :

석가모니의 제자 아난존자가 우물가에서 상종을 기피하는 천민의 파카타라는 처녀에게 물을 청하자 그녀는 자신이 천민의 딸이므로 귀하신 분께 물을 떠받칠 수 없다고 말한다. 아난다는 자신은 부처님의 제자로서 빈부귀천 상하의 차별을 하지 않으니 물을 달라고 한다. 바로 이 에피소드를 본받아서 예수가 우물가에 앉아 유대인들이 천하게 여겨 상종을 하지 않던 민족인 사마리아 여인에게 물을 청하자 자신이 사마리아 여인임을 들어 물을 떠주는 것을 사양한다. 예수는 자신은 사람을 차별하지 않는다고 말한다.(요한복음 4장 3~15)

8) 빵과 물고기의 기적:

예수는 또 석가모니로부터 음식을 베푸는 기적까지 표절했다. 유마거사가 음식이 없는 상황에서 기적으로 신도들을 먹이고도 남았다고 [유마경 향적불품]에 기록되어 있다. 그리고 〈증일아함 20. 28〉에서는 난다가 신도 모두를 떡 한 덩이로 먹였으나 떡은 여전히 남았다. 이것을 그대로 본떠서 예수는 보리떡 5개와 물고기 2마리로 군중을 먹이고도 남았다고 했다.(마태복음 14장 17)

9) 탕아의 비유:

'장자 궁자'에서 '궁자'는 부처님 가르침의 참된 뜻을 모른 채 미혹에 빠져 헤매는 중생들로 비유되고, 마침내 불성을 찾아 돌아온 가난한 아들을 용서하고 받아주고 전 재산을 넘겨주는 '장자'는 곧 석가모니 부처님을 상징한다.〈법화경 신해품〉 성경에서는 돌아온 탕자 곧 이 세상에 죄지은 자들로

비유되고 죄를 용서해준 탕자의 아버지는 곧 하나님과 하나님의 아들인 예수를 상징한다.(누가복음 15:11)

(10) 가난한 자의 헌금:

예수는 또 가난한 자의 헌금 에피소드도 표절했다. 불경에서 〈현우경빈녀난타품〉, 〈본생경〉, 〈잡보잔경〉 등 불서의 가난한 처녀 난타에 관한 이야기는 헌금을 하는 데 있어서 중요한 것은 액수가 많고 적음이 아니라 그 속에 담긴 정성이라는 것을 말하는 내용이다. 가난한 처녀 난타 대신 성경에서는 가난한 과부의 헌금 이야기로 슬쩍 바꿔서 똑 같은 이야기를 전개하고 있다.(마가복음 12:41~44)

11) 간음한 여인:

불경에서는 '창녀를 잡으러 다니는 사람들' 얘기이고 성경에서는 '창녀를 잡아 끌고 온 사람들'의 얘기이다. 너 자신부터 돌아보라고 요구한 석가모니와 예수의 가르침은 같은 것이다. 귀중품을 훔쳐 달아난 창녀를 잡으러 다니던 젊은이들에게 '죄지은 여자를 찾는 것과 그대들 자신을 찾는 것 중 어느 쪽이 더 급하냐'고 힐문하자 젊은이들은 부끄러워 대답도 못하다가 '자기 자신을 찾는 것이 더 급하다'고 대답하고서는 부처님의 설법을 듣는다. 예수는 간음한 여자를 잡아 놓은 사람들에게 '너희 중에 죄 없는 자가 먼저 쳐라'

고 하였다. 즉 너 자신부터 죄가 있는지 없는지 솔직하게 되돌아보라는 말씀에 사람들은 자신의 양심에 비추어보고는 하나 둘씩 그 자리를 떠났다.(요한복음 8:1~11)

12) 산상수훈:

석가모니는 '영취산'에서 산상수훈을 했고 예수는 '갈릴리산'에서 산상수훈을 했다고 기록되어 있는데 그 수훈의 내용은 둘 다 사랑과 자비에 대한 설법의 집약이다.

13) 제자의 배신:

예수는 불경에서 제자의 배신 에피소드까지도 표절했다. 석가모니는 제자 '데바다타'의 배신 얘기고 예수는 제자 '가롯유다'의 배신 얘기다. 석가와 예수는 제자 하나가 자기를 배신할 것을 미리 알고 있었다는 내용까지 닮았다. 석가모니는 제자 '데바다타'가 배신할 것을 미리 알고 있었다. 그가 석가모니를 해치기 위해 난폭한 코끼리를 보내 위험에 처하게 되자 500명의 제자들은 모두 도망쳤다.〈아함경〉 예수는 자기의 제자들 가운데서 한 사람이 자기를 배신하고 팔아넘길 줄을 알고 있었다. 예수가 붙잡혀가게 되자 그의 제자들은 모두 다 도망쳤다.〈누가복음과 마태복음〉.

14) 고향에서의 푸대접:

싯다르타가 이룬 부처님이 되어 고향 카필라성에 돌아오자

처음에 석가모니 가족들은 석가모니를 부처님으로 인정하지 않으려 했다. 그들에게는 단지 친족으로 보일 뿐이어서 '저 싯다르타 태자는 내 동생뻘이다, 조카뻘이다'하면서 경배하지 않았다. 나중에는 석가모니의 신통력을 보고난 후에야 친족들이 모두 인정하고 경배한다.〈본생경〉예수가 요한으로부터 세례를 받은 후 고향 나사렛으로 돌아와 자신이 구세주라고 하자 고향사람들은 예수를 구세주로 인정하지 않고 목수 요셉의 아들이 아니냐고 업신 여겼을 뿐이다. 예수는 '선지자가 고향에서 환영을 받는 자가 없느니라'하고 많은 능력을 다 행치 아니하였다 한다.〈마태복음 13 ; 53~58〉,〈누가복음〉

15) 평등한 사랑:

비는 모든 초목에 골고루 내리듯이 석가모니 부처님의 가르침도 어떠한 차별도 없이 모든 중생들에 골고루 내린다고 하셨다.〈법화경 약초유품〉,〈법화경 신해품〉. 예수는 '하나님이 악인에게도 선인에게도 해를 비춰주시고, 의로운 자에게도 불의한 자에게도 비를 내리신다'라고 표현하고 있다.〈마태복음 5 ; 39~47〉

16) 좋은 열매와 나쁜 열매:

석가모니는 '착한 인(因)을 심지 않고 어찌 좋은 열매(果報)를

얻을 수 있겠느냐'고 말하였으며 또한 좋은 나무는 선업(善業)을 쌓는 행위 또는 선업을 하는 사람을 상징하고 열매는 그 행(行)에서 얻어지는 과보를 상징한다고 하였다.〈방등경〉,〈법구경〉 이와 유사하게 예수는 '가시나무에서 포도를, 엉겅퀴에서 무화과를 따겠느냐' 또한 '아름다운 열매를 맺지 아니하는 나무마다 찍혀 불에 던지우리라'와 같이 석가모니의 좋은 열매와 나쁜 열매라는 비유를 그대로 인용하고 있다.〈마태 7;15~20〉,〈누가 6;43~45〉

17) 세례자 요한:

불경에서는 석가모니가 부처님임을 증명하기 위해 부처님의 출현에 앞서 마하가섭이 등장한다. 그는 이미 많은 사람들을 이끌고 있다가 석가모니가 나타나자 이 분이 바로 부처님이시라고 만인에게 증명한다. 기독교에서는 세례요한이 이와 똑같은 역할을 하는 것으로 차용되어 장소와 이름만 다를 뿐 이야기의 구성은 한 치도 다를 바가 없다. 성경에서도 예수가 구세주임을 증명하기 위해 예수 출현에 앞서 세례요한이 등장한다. 예수 이전의 사람들이 요한을 그리스도로 여기고 있을 정도로 추앙을 받고 있다가 예수가 나타나자 '성령으로 너희에게 세례를 주시리라' 하며 그가 바로 구세주이시라고 증명한다. 바로 부처님의 증명자 마하가섭의 역할을 그대로 표방한 것이다. 이런 것이 완전한 표절인 것이다.

18) 말세:

예수는 심지어 석가모니로부터 말세라는 개념까지도 표절해서 말을 살살 바꾸었다. 석존 입열 후 2000년 후에는 말법시대가 오는데 이 시대에는 말 그대로 계, 정, 학의 기본이 무너지고 싸움이 일어나고 사견이 판치는 시대가 온다고 하였다. 이 것을 예수는 말세라는 표현으로 바꾸어 표현했다. 이 시대에는 윤리가 무너지고 재앙이 일어나고 증오와 전쟁이 일어나고 불법이 횡행한다. 이것을 예수가 재림하는 때라고 했다.〈마가 13;4~13〉,〈마태 24; 6~22〉

19) 거짓 선지자의 출현:

곧 6곳에서 거짓 부처님이 나타날 것이지만 끝까지 제대로 견디는 자는 각각 성불(成佛)하게 될 것이라고 했다.〈율장(律藏)〉 이것을 고대로 본떠서 성경에서는 여기저기서 가짜 그리스도가 나타날지라도 믿음을 지키는 자는 구원을 받게 되리라고 하였다.〈마가 13;21~23〉. 마태복음 24;3~14〉

20) 유아 학살과 도피:

미륵(구세주라는 뜻)의 탄생을 두려워한 왕이 없애고자 하였으나 도피하여 생명을 구한다.〈현우경, 바파리품(賢愚經 波婆離品)〉. 성경에서는 메시아의 탄생을 두려워한 헤롯왕의 유아 학살을 피해 예수 일가는 이집트로 피신한다.

21) 가난한 사람을 돕는 일:

석가모니는 재물이나 도움을 어려움에 처한 사람에게 베푸는 것은 곧 부처님에게 보시하는 것과 같다고 하였다.〈제법집요경 보시품〉,〈방등경〉. 예수는 가난한 사람에게 먹을 것, 입을 것, 물을 주는 것은 곧 예수를 대접하는 것과 같다고 했다.〈마태복음 25; 35~46〉.

22) 내가 길이요, 진리요, 생명이라:

석가모니는 '나는 곧 법이니 나를 보는 자는 법(진리)을 보는 자'라고 하였으며, 열반에 들 때 자신을 등불로 삼고 법(진리: 부처님의 가르침)을 등불로 삼고 수행하라는 유훈을 남겼다. 이것을 예수는 '내가 곧 길이요 진리요, 생명이라'는 같은 의미의 말을 하고 있다. 예수는 한 발 더 나아가 '나를 본 자는 곧 하나님을 본 자'라고 했다.〈요한 14;5~12〉,〈누가 2; 30~32〉.

23) 하나님의 나라는 너희 안에 있느니라

석가모니는 극락이 따로 있는 것이 아니라 네 마음속에 있다고 말했다. 또 네 마음이 곧 부처라고도 가르쳤다. 예수도 '하나님의 나라는 볼 수 있게 임하는 것이 아니요, 또 여기 있다 저기 있다고도 못하리니 하나님의 나라는 너희

안에 있느니라'하면서 부처님의 가르침을 말도 하나 안 바꾸고 베껴먹었다.〈누가복음 17;20~21〉.

24) 진정한 보물:

석가모니는 '세속적인 재물은 참다운 보물이 아니며, 마음 속에 지녀야할 참다운 보물은 자비, 경건, 절제, 침착함이다. 다른 사람이 가져갈 수 없고 도둑이 훔쳐갈 수 없는 보물을 가지고 떠나라'고 하였다. 이것을 예수는 말을 살짝 바꾸어서 '너희를 위하여 보물을 땅에 쌓아두지 말고 하늘에 쌓아 두라. 저기는 좀이나 동록이 해하지 못하며 도둑이 구멍을 뚫지도 못하고 도둑질도 못 하느니라'고 표현했다.〈마태 6;19~20〉,〈요한 17;14~16〉

25) 하나님과 재물을 동시에 섬길 수 없다:

석가모니는 '해탈과 재물을 동시에 추구할 수는 없다고 했다.〈무문자설경 13.5〉이것을 예수는 '하나님과 재물을 동시에 섬길 수 없다'고 같은 말을 하고 있다.〈누가 16;13〉

26) 의식주를 걱정하지 말라:

석가모니는 제자들에게 먹고 입고 잠잘 곳을 걱정하지 말고 5가지 욕심에서 벗어나 해탈하라고 당부하고 있다.〈법구경 92~3〉이것을 예수는 '또 너희가 어찌 의복을 위하여 염려하느냐. 들판에 핀 백합을 보라. 수고도 아니 하고 길쌈도

아니 하느니라'고 다소 시적으로 표현하고 있다.〈마태 6;24~33〉

27) 석가와 예수의 모습의 변형:

석가의 피부가 밝게 빛났다는 표현이 불경에 있다.〈장아함경 16〉 이것을 본떠서 성경에서는 '저희 앞에서 변형되사 그 옷이 광채가 나며 세상에서 빨래하는 자가 그렇게 희게 할 수 없을 정도로 희어졌더라'고 되어 있다.〈마가 9;2~13〉, 〈 마태 17;1~13〉, 〈 누가 9;28~36〉.

28) 너희와 영원히 함께 하리라:

석가모니는 세상에서 벗어나 항상 머무르며 중생들을 깨우치고 고해에서 건져주고 있다. 석가모니 부처님은 영원히 살아 있으며 중생들의 깨우침을 위하여 인간의 모습으로 잠시 이 세상에 오셨을 뿐 그 수면은 무량수(無量壽), 즉 영원하다.〈법화경 여래수량품〉 이를 본떠서 성경에서는 '예수는 사람들을 구원하기 위하여 이 세상에 잠시 출현했다 갔을 뿐 결코 죽은 것이 아니라 영원히 살아있다'고 말한다. '내가 세상 끝날 때까지 너희와 항상 깨어 있으리라'고 했다.〈누가 24;13~53〉, 마가16; 1~20〉, 〈마태 28; 5~20〉

제7절

법화경과 신약성서의 뼈대가 하나

이상 제6절에서 민희식 교수가 폭로한 내용을 우리가 자세하게 검토하였거니와 법화경과 신약성서는 그야말로 종교로서의 뼈대, 즉 척추가 되는 마디마디가 모두 똑 닮았다는 것을 독자들은 깨달았을 것이다. 여기서 그 뼈대들의 개념들만을 다시 추려서 음미해 보자.

1) 수태고지, 2)시므온 이야기, 3) 신전에서의 12살 때의 예수, 4) 예수의 세례, 5) 광야에서 시험에 든 예수, 6) 물 위를 걷는 예수, 7) 우물가의 사마리아 여인, 8) 빵과 물고기의 기적, 9) 돌아온 탕아, 10) 가난한 과부의 헌금, 11) 간음한 여인, 12) 산상수훈, 13) 가룟유다의 배신과 예수를 버린 제자들, 14) 고향에서의 푸대접, 15) 평등한 사랑, 16)

좋은 열매와 나쁜 열매, 17) 세례자 요한, 18) 말세, 19) 거짓 선지자의 출현, 20) 유아학살과 도피, 21) 가난한 삶을 돕는 것이 나를 돕는 것, 22) 내가 길이요 진리요 생명이라, 23) 하나님의 나라는 너희 안에 있느니라, 24) 진정한 보물, 25) 하나님과 재물을 동시에 섬길 수 없다, 26) 의식주를 걱정하지 말라, 27) 예수 모습의 변용, 28) 너희와 영원히 함께 하리라.

앞의 6절에서 민희식 교수가 고발한 이들 개념들의 표절은 곧 종교 하나를 몽땅 표절한 것이라고 해도 지나친 표현이 아닐 만큼 신약성경은 불교의 법화경을 빼다 박았다. 이쯤 되면 양심적인 신학 박사들은 겸손하게 손을 가슴에 대고 지금까지 속아왔다는 사실을 고백하고 참회해야 마땅하다. 예수가 13세부터 29세까지 불교의 이사 스님이었다는 것을 인정하고 그에 따라 예수의 가르침은 모두 석가모니의 가르침이 맞다고 고해성사만 하면 된다. 그보다 먼저 속아온 것이 분하고 억울하더라도 자기들 신학 박사들이 먼저 속고 또 그 속은 사실을 가지고 지금까지 신도들을 잘못 가르치고 결과적으로 신도들을 속여 온 것을 회개 자복해야 한다.

제6장

신구약성경의 올바른 이해

제6장 신구약성경의 올바른 이해

제1절

구약성경의 이해

　우리의 단군신화와 거의 마찬가지로 구약은 호랑이 담배 피울 때에 쓰인 글이다. 모세가 창세기를 비롯한 소위 모세5경을 썼다는 시기가 기원전 1,450년, 즉 거의 3,500년 전의 일이고 구약의 마지막 선지자가 말라기서 넉 장을 쓴 때가 BC 420년, 즉 지금으로부터 약 2,500년 전은 이른바 선사시대로서 신석기시대에서 청동기시대로 이행하는 시기이며 인류 최초로 소위 문자라는 기호가 겨우 태동하는 시기에 해당한다. 필기도구라는 것도 종이도 물론 없었다. 그래서 그 시대를 호랑이 담배 피우던 때라고 표현하는지도 모른다.

그 시대에 이스라엘 노예백성을 중심으로 퍼져 있던 5천여 점의 설화들을 수집해서 다듬고 정리해 오다가 지금의 구약 39권으로 굳어져 오늘 날까지 성경(bible)의 자리를 굳히고 있는 것이다. 대부분의 기독교 신자들은 내용도 뜻도 모르면서 교회에서 한 마디 얻어 들은 바에 따라 언필칭 구약은 하나님의 선민 이스라엘의 역사서라는 고정관념과 선입관을 가지고 있으면서 구약도 일점일획도 가감 없이 믿어야 하는 것으로 생각이 굳어져 있다. 미국의 어떤 조사에 의하면 신학대학을 나오고 신학 박사 학위를 받을 때까지 숙제 외에 구약을 창세기 1장 1절부터 말라기 4장 6절까지의 23,143구절을 처음부터 끝까지 한 번도 통독하지 않고도 학위를 받을 수 있으며 하물며 일반신도로서 23,143구절을 통독한 사람은 찾아보기 어려울 정도로 자세히 읽지 않는 덕분에 지금까지 성경으로 제자리를 지켜올 수 있었다는 것이다. 구약은 그저 들고만 다녀야지 자세히 읽으면 탈나는 책이다.

구약성경을 정성을 들여 몇 차례 정독하고 나면 자연스레 느껴지는 게 있다. 성경학자들은 구약의 복음을 원시 복음이라고 이름 붙였다. 이 원시복음 구약성경 39권은 BC 1,450년 전후 모세에 의해서 창세기, 출애굽기, 레위기, 민수기, 신명기 등 모세 5경이 쓰인 후 말라기가 쓰인 BC 430년(약

2,500년 전) 장장 1,020년 동안 32명(일부는 저자 미상)에 의해서 쓰인 문헌이다. 그리고 그들은 모두 이른바 하나님이 택한 선지자들이 자기 활동을 중심으로 하나님의 음성 또는 꿈에서 환상을 본 것들을 기록한 것이고 문필가들이 아니었기 때문에 구약성경을 앞뒤 구절들을 연결해 가면서 정독을 하다 보면 다음 몇 가지 특징을 느끼게 된다.

첫째, 그들은 모두 3,500년 내지 2,500년 전 이스라엘 문화와 사회를 배경으로 그들의 문화 수준과 문필 능력으로 문장을 만들었기 때문에 오늘의 인류가 읽으려면 거부감을 주는 부분이 허다할 수밖에 없는 제한점을 가지고 있다.

둘째, 그들은 전문 저술가가 아니다. 그렇기 때문에 자기가 쓰는 문장 자체 내의 일관성이나 앞뒤 문맥과 내용의 체계성 등 문장 기법의 ABC조차 결여하고 있다. 그 대표적 예의 하나로 32명 저자 중 가장 대표적 인물이라 할 수 있는 모세 5경의 저자 모세의 문장 능력상 결정적 문제점들이 허다히 드러나고 있다. 사실 모세는 구약성경 중 모세 5경의 분량이 334장인 바 구약성경 전체 929장 중 36%를 집필한 대표적 저자이다. 그리고 그의 어머니 요게벳은 아버지의 고모로서 요게벳은 어머니이자 고모할머니이다. 즉 근친 상간으로 집안에서 낳은 아들이다. 그는 창세기 2장 7절에서 "하나님이 태초에 아담을 흙으로 짓고 그 27절에서 아담의 갈비뼈를 뽑아 이브를 창조했다." 해놓고서는 금방 4장 8절에서 "가인이 그의 동생 아벨을 죽였다." 하고, 바로 그 4장 14절과 15절에서는 하나님과 살인자 가인과의 대화를 기록하고 있다. 가인이 하나님께 "사람들이 죽일까 두렵다." 하니까 살인죄를 저지른 가인에게 하나님이 도리어 "염려 말라 너를 해치는 자는 내가 7배나 갚을 것이라." 하면서 증표를 주고 "이 증표를 가지고 다니면 사람들이 너를 해치 않을 것"이라고 위로하고 용기를 주고 있는 것이다. 곧이어 16절에서는 "가인이 여호와의 앞을 떠나 나가 에덴동산 동편 놋 땅에 거하였더니 아내와 동침하매 그가 잉태하여 에녹을 낳은지라." 그리고 19절에서는 "아담의 8대손(어떤 주역에서는 9대손이라고도 함) 라멕(노아의 아버지)이 두 아내를 취하였다."고 기록하고 있다. 창조론대로라면 아벨이 죽었기 때문에 세상에는 아담과 이브와 가인 셋뿐이라야 앞 뒷말이 맞는 게 아닌가? 그리고 또 앞뒤가 뒤죽박죽인 것이 이미 2장에서 "아담과 이브를 창조했고 그들이 타락하여 벌까지 주었고 가인이 에녹이라는 아들까지 낳았다." 해놓고는 5장 2

절에서 "하나님이 남자와 여자를 창조하셨고 그들이 창조되던 날에 하나님이 그들에게 복을 주시고"라고 적고 있다. 그리고 또 곧이어 6장 4절에서는 "당시에 땅에 네피림(거인 족속)이 있었고 그 후에도 하나님의 아들들이 사람의 딸들을 취하여 자식을 낳았으니 그들이 용사라 고대에 유명한 사람이었다."라고 고백하고 있다. 한 문헌에 의하면 모세가 하나님이 아담과 이브를 창조하였다고 한 당시 이 지구상에는 이미 3,000여 명의 인간이 살고 있었다는 것이다. 그렇기 때문에 가인이 장가를 들고 그의 증손자는 첩까지 둘 수 있었던 것이다. 모세 자신도 하나님의 아들들이 사람의 딸들과 혼인하였다고 쓰고 있다. 모세에 의해서 제기된 하나님의 인간 창조론이 모세 자신에 의해서 명명백백히 부정된 셈이다. 한두 가지 예를 또 들어보자. 창세기 38장 7절에서는 "유다의 아들 엘이 악하여 여호와께서 그를 죽이고 동생 오난을 형수에게 들어가서 남편의 아우의 본분을 행하여 네 형을 위하여 씨를 잇게 하라. 오난이 형에게 아들을 얻게 아니하려고 땅에 설정하매(질외사정을 뜻하는데 성경학자들은 이것을 오난이즘이라 한다) 그 일이 여호와 목전에 악하므로 여호와께서 그도 죽이시니"라고 써놓고는 레위기 20장 21절에서는 "누구든지 그의 형제의 아내를 데리고 살면 더러운 일이라. 그가 그의 형제의 하체를 범함이니 그들에게 자식이 없으리라.”고 앞의 내용을 180도 뒤집어놓는다. 또 하나 창세기 10장 5절에서는 "이들로부터 여러 나라 백성으로 나뉘어서 각기 방언과 종족과 나라대로라.” 해놓고는 곧이어 11장 1절에서는 "온 땅의 구음(language)이 하나요, 언어가 하나이었더라.”라고 써서 또 다시 자기 문장을 뒤집어 놓는다. 현대에서는 초등학교 학생이 일기를 써도 이처럼 뒤죽박죽 문장은 쓰지 않을 것이다.

모세는 또 그의 대명사와도 같은 십계명에 관해서도 오락가락 서술하고 있다. 첫째, 하나님으로부터 십계명을 받았다는 장소와 받은 방식도 출애굽기 20장과 신명기 5장에서 전혀 엉뚱한 서술을 하고 있다. 십계명 중 제 4계명 안식일의 의미도 다르게 적고 있다. 출애굽기 20장에서는(23절) '시내산에서 여호와로부터 십계명을 받은 것'으로 되어 있으나 신명기 5장 2절 이하에서는 '호렙산에서 대면하여 말씀하시고 두 돌판에 써서 내게 주신 것'이라고 쓰고 있다. 제4계명 안식일의 의미에 관해서도 출애굽기 20장에서는 그 11절에서 "모든 것을 만들고 제7일에 쉬었음이라 그러므로 나 여호와가 안식일을 복되게 하여 그 날을 거룩하게 하였느니라.”라 써놓고 신명기에서는(5장 15절) "너는 기억하라. 네가 애굽

땅에 서 종이 되었더니 너의 하나님 여호와가 강한 손과 편 팔로 너를 거기서 인도하여 내었나니 그러므로 너의 하나님 여호와가 너를 명하여 안식일을 지키라."고 안식일의 뜻을 다르게 적고 있다. 그리고 또 창세기의 최대 사건이며 하나님의 인간 제2차 창조에 해당하는 노아 홍수사건을 기록하면서 모세는 창세기 6장 19절부터 7장 9절까지 불과 13구절에서 두 번이나 자기 글을 뒤집고 있어서 어느 것이 진짜인지 헷갈리게 하고 있다. 노아 방주에 드릴 생물에 대해서 창세기 6장 19절에서는 "혈육 있는 모든 생물을 너는 각기 암수 한 쌍씩 방주로 이끌어 들이라." 해놓고는 불과 여섯 구절 뒤인 7장 2절에서는 "너는 모든 정결한 짐승은 암수 일곱씩 부정한 것은 암수 둘씩을 네게로 데려오라." 하고 또 불과 여섯 구절 뒤인 7장 8절에서는 "정결한 짐승과 부정한 짐승과 새와 땅에 기는 모든 것은 하나님이 노아에게 명하신 대로 암수 둘씩을 방주에 넣었다."라고 하는 등 서술이 갈팡질팡이다.

그런가 하면 또 다른 선지자들도 문장력이 엉망인 것이 허다하다. 예컨대 1절에서는 "만군의 주 여호와께서 그 분을 토하시사 자기백성 이스라엘을 진멸하였느니라." 해놓곤 곧

이어 2절에서는 "만군의 주 여호와께서는 자기백성을 불러모으사 그 땅에서 번성하게 하였나니." 하고는 또 다시 곧이어 3절에서는 "만군의 주 여호와께서 그들의 강퍅함으로 인하여 그 민족을 칼에 엎드려 멸절하게 하였느니라."는 등등 워낙 갈팡질팡하게 서술하고 있어서 구약성경을 읽다 보면 하나님은 마치 이랬다저랬다 하는 존재인 것 같은 착각을 가지게 된다.

셋째, 그들의 어휘수가 지극히 제한되어 있다. 즉 어느 민족이 어느 시대에 몇 개의 단어를 구사하는가 하는 것은 문명의 가장 기본적인 척도인 것이다. 같은 시대 같은 국민들 중에서도 교육 정도에 따라 구사하는 어휘수가 다르고 또 시인, 문인, 작가들이 구사하는 어휘수와 일반 국민이 쓰는 어휘수와 종류도 차이가 난다. 동일민족, 즉 우리 한민족만 봐도 삼국시대에 썼던 어휘들과 오늘날 우리가 쓰는 어휘들은 완전히 다르며 심지어 오늘을 같이 사는 우리 현대인들 사이에서도 10대, 20대가 쓰는 용어들과 기성세대의 용어가 다르다.

요컨대 2,500~3,500년 전 노예백성, 포로가 된 민족이 사용했던 언어들이 그렇게밖에(예컨대 갈고리로 아가리를 꿰고 그 가랑이로 낳은 자기자식을 삶아먹는 등) 달리 세련되게 표현할 어휘들이 그들에겐 제한되어 있었을 것으로 이해된다. 구약의 천여 구절들에서 이토록 잔인하고 야만스러운 표현들이 도배질되어 있고 그들 노예문화의 음란행위까지도 전혀 다듬어지지 않은 언어로 노골적으로 표기되어 있는 문헌을 특히 감수성이 예민한 젊은 세대가 읽을 경우 그들의 잠재의식과 인성형성에 미치는 폐해가 이루 말할 수 없을 것으로 심히 우려된다. 구약의 내용들은 후일 메시아가 오실 것을 예언한 성경이라 해서, 그리고 예수의 조국 이스라엘의 역사라 해서(구약 39권 중 12권을 역사서로 분류) 무턱대고 구약 전체를 지금 그대로 가지고 가려는 것은 무리다. 메시아 강림 예언 부분은 구약 전체 구절 23,143구절들을 몽땅 까발려 봐도 이사야 53장의 1절~12절이나 해당될까, 나머지는 성경학자가 아닌 사람들에겐 잘 이해가 오지 않는다. 구약 39권 중에는 또 단 한 장으로 되어 있는 것도 있고(오바댜서), 또 한편 4장으로 엮은 룻기 같은 것도 그 내용인즉 룻이라는 과부가 시어머니가 하라는 대로 목욕하고 머리에 기름 바르고 그 남자가 눕는 곳을 잘 보아놓았다가(그 당시는 등불도 없으므로) 그의 발길 쪽 이불을 살짝 들추고 들어가 누우라 하니 그대로 한 지라. 그들은 동침하였고 결혼하였느니라 라는 과부의 연애 에피소드가 39권 구약성경(HOLY BIBLE) 중의 한 권이다. 사실, 외국의 서적들을 보면 이미 1세기 때부터 통렬하게 비판되어 오고 있다.

수백 년간 언급하는 것조차 기피해 오던 구약에서의 대학살 사건들과 광범위한 유혈사건들에 관심을 가지고 성경을 다시 보면 하나님은 금방 달리 보인다. 혼외 음행사건들을 주의 깊게 수집 기록해 온 Clinton 같은 이가 주장하는 것처럼 "잔인하고 복수심에 찬 행위들을 보면 하나님의 사랑스럽고 자비로운 인상은 의문을 불러일으킨다. 이들 잔악한 행위들이 과연 하나님의 본성일까? 만일 그렇다면 그는 숭배의 대상이 될 수 있을까?"

젊었을 때 미국의 대표적 부흥강사 Billy Graham과 신학교 동창이며 절친한 친구이자 동지로서 함께 부흥강사로서 활동하다가 나중에 성서, 특히 구약에 환멸을 느껴 미국의 대표적 무신론자가 된 신학자이며 철학자인 Charles Templeton은 다음과 같은 그의 주장을 발표하고 있다. 즉, 구약의 하나님은 대부분의 기독교인들이 믿고 있는 그와 같은 하나님이 아니고 현대적인 기준에 따른다면 그의 정의라는 것은 분노에 사무쳐 있다. 그는 편견과 복수심에 차 있고 성미가 급하고 그의 권능을 가지고도 질투로 차 있다. 그리고 무신론자인 George H. Smith도 그 의견에 동의하면서 여호와 자신이 엄청난 수의 인간들을 살상하는 것을 즐기는데 주로 기근이나 염병을 퍼뜨려 대량 살상하고 흔히 비상한 공격적 수단으로 인명을 청소하였다. Smith는 또 미국의 전직 대통령 Thomas Jefferson의 말을 자주 인용한다. Jefferson 대통령은 "구약성서는 하나님이 잔인하고, 복수심에 불타고, 변덕스럽고, 불의로 차 있는 존재로 기록하고 있다."고 갈파한 바 있다. 미국의 대표적신 학자이고 현직 목사인 Geisler 목사도 "성서(구약)에는 엄청난 분량의 야만적인 얘기가 실려 있다는 것은 사실이라."고 고백하고 있다. 일찍이 1794년에 철학자 Thomas Paine이 그의 저서 『이성의 시대(The Age of Reason)』에서 "우리가 성서에서 음탕한 얘기들을 읽을 적마다 육감적인 방탕함과 잔인하고 고통스러운 학살, 냉혹한 복수 행위의 내용들이 절반이 넘도록 차지하고 있는 성경은 하나님의 말씀집이 아니고 악마가 쓴 책"이라고 갈파한 바 있다. 근자에는 『신앙의 사건(The Case for Faith)』의 저자 Lee Strobel (무신론자로서 언론인이었다가 지금은 목사)도 성서에는 엄청난 분량의 흉악한 얘기가 실려 있는 것은 사실이라고 인정하면서 한 예로 음행한 첩을 칼로 열두 토막을 만들어 이스라엘 열두 지파에 각 지파에 한 덩어리씩 보낸 사건을 지적하고 있다(사사기 19장 29절). 사실 구약에 보면 여호와께서 이스라엘 주변 70명의 왕들을 잡아다가 눈알을 빼서 죽이기도 하고, 또 어떤 때는 (사사기 1장 6절) 왕들의 엄지손가락과 엄지발가락을 자르고 밥상 아래 흩뜨려 놓은 음식을 주워 먹고 걷다가 죽도록 하고, 또 구약의 여러 군데에서 하나님께서 자기 백성 이스라엘 민족에 분개하여 호흡이 있는 사람들을 몽땅 학살하고 혹 숨은 자가 있을까 봐 염병을 퍼뜨리고 미친개들을 풀어놓고 이스라엘 백성의 피를 취하도록 마시라고 하고 그 종자를 없애기 위해 어린아이들(children)과 영아(infants)까지 모조리 죽이고 아이 밴 여인들의 배를 여호와의 손으로 갈라 그 염통을 찢기도 하고 또 때론 간을 찢어 들의 짐승들과 공중의 새들에게 먹이로 주었다는 기록이 허다하다.

구약은 그 내용과 표현들이 너무나 야만적으로 끔찍하고, 39권 선정 기준도 모호하고, 또 동일한 내용과 표현들이 너무 여러 군데서 계속해서 중복되는 등 손을 봐야할 필요성이 강하게 느껴진다. 사실상 미국의 경우 성경의 정통성과 번역상의 오류들이 오랫동안 논란이 되어 오다가 지금 미국의 성경은 서로 자기 번역이 옳다 하면서 100여 종류의 성경이 출판되고 있다. 이 편집자는 신학자나 성서학자가 아니기 때문에 구약의 성서적 의미는 모르며 그것을 논하자는 것도 아니다. 다만 지금 있는 그대로를 놓고 지금 그대로라면 윤리적으로나 표현된 어휘들로 보아 구약은 금서의 대상이다. 원시복음의 한계가 너무 심각하다는 말이다. 그런데도 어째서 지금까지 본격적으로 손을 대지 못하고 있었을까? 많은 변명들이 있지만 가장 솔직한 것은 성경무오설은 절대적 진리이고 일점일획에 대해서 딴소리 하면 당장 밥줄이 끊어지기 때문에(사실상 제정일치 때인 중세기에는 성경을 대고 시비를 걸면 형사 처벌대상이었던 것이다) 감히 성경속의 야만적 구절들에 대해선 언급을 살살 피해온 것이 사실이다. 지금 이 순간도 신학자, 성경학자, 목회자들은 성경을 놓고 딴소리 하면 당장 밥줄이 위협받기 때문에 감히 양심의 외침이나 영혼의 눈은 아랑곳할 수 없었다는 인간의 약점을 서로가 용인해 온 것이다.

영세에 살아 계신 하나님께서 구약의 말라기 선지자 이래 독생자 예수를 이 땅에 보내실 때까지의 400년을 신학에서는 침묵의 시대라 부른다. 400여 년 동안 인간들을 향해 한 말씀도 없었기에 심지어 니체 같은 철학자들은 하나님이 죽었다고까지 하지 않았던가? 400여 년의 침묵을 깨고 예수는 "율법과 선지자는 요한의 때까지요, 그 후부터는 하나님 나라의 복음이 전파되어 사람마다 그리로 침입하였느니라.(눅 16:16)" 하셨고 히브리서에서는 "전의 계명이 연약하며 무익하므로 폐하고(19절) 율법은 아무것도 온전케 못할지라. 이에 더 좋은 소망이 생기니 지난 것은(구약) 폐하고 이것으로 우리가 하나님께 가까이 가느니라"고 하셨다. 근자에 와서 많은 신학자, 성경학자 중에는 신약과 구약을 한 권의 책으로 묶어 놓고 HOLY BIBLE이라고 부르는 것 자체가 잘못되었다는 주장도 있다. 이제 우리도 기독교가 21세기의 영혼을 책임지기 위해 기능하는 종교로 떳떳하게 나가기 위해서는 거추장스러운 구약의 야만스러운 부분을 도려내서 청소년들이 읽어도 그 인격형성에 해롭지 않고 진정 영혼을 구원할 수 있는 책으로 거듭나야 할 것이다.

구약성경이 이처럼 엄청난 야만적 표현들을 하고 있는 내용을 있는 그대로 적시한 것인데도 불구하고, 이 편집자는 사회학과 보건학을 전공했을 뿐 성경에 대해서 뭐 안다고 어쩌고 저쩌고냐 하는 식으로 애초부터 본인의 지적을 깔아뭉개려는 사람들이 없지 않다. 그렇기 때문에 구약 성서학자

구약학 교수의 저서에서 지적하고 있는 구약에 대한 지적을 소개해 본다. 구약학 전공 교수인 차준희 성경학 박사는 그의 저서 『구약신앙과의 만남』의 머리말 첫 구절에서 "1년 한 해 동안 구약을 본문으로 하는 설교가 10%나 되는지 모르겠다. 이러다가 내 성경에서 구약은 사라질 것 같다."는 목회를 하는 친구들의 자괴감 섞인 목소리를 자주 듣곤 한다고 실토하고, 기독교는 구약과 상당한 긴장관계에 있다."고 진단하고 있다(18쪽). 그러면서 그는 구약에 대한 부정적 입장 가운데 대표적인 학자들의 주장을 간략하게 소개하고 있다. 첫째,

소아시아 출신의 선구였던 마르시온(Maqrcion)은 일찍이 기원 후 85~160년 경 "구약을 완전히 포기하고 신약을 탈유대화하려고 노력한 학자로서 구약의 하나님은 복수심에 불타는 야훼였다."고 지적했다. 다음으로 델리취(F .Delitzsch: 1850~1922)가 그의 유명한 저서 『대사기극(Die grobe Tauschung)』에서 지적한 다음 몇 가지를 소개하고 있다.

1) 구약의 역사서들은 그 서술 방식으로 인하여 역사적 사료로서의 신빙성이 없다.

2) 위대한 예언자들을 비롯한 모든 중요한 인물들이 도덕성에 문제가 있다.

3) 야호(Jaho: 원문 그대로 인용)는 특정한 민족의 신으로서 도덕적 수준이 너무 낮아서 최고로 높으신 세계의 하나님으로 인정될 수 없음에도 불구하고 그를 하나님과 동일시한 것은 잘못된 신앙이다.

4) 따라서 유대교를 전 세계에 전파한다는 것은 미친 생각이다.

5) 예언들이 성취되지 않았다는 점은 예언이 쓸데없음을 보여 준다.

6) 시편은 종교적으로 도덕적으로 저급한 사상을 갖고 있다.

7) 예수도 유대교에 대하여 적대감을 갖고 있다. 즉 델리취는 구약의 내용을 사기의 연속으로 간주한다고 지적하고 있다. 그리고 또 하르낙(A. von Harnack: 1851~1930)은 "19세기 이후에도 구약을 성경에서 제거하지 못한 것은 종교와 교회가 제 기능을 발휘하지 못한 결과"라 하였고, 이어서 "구약은 교회의 입장에서 보면 더 이상 계시의 역사가 아니고 유산된 역사일 뿐"이라고 갈파한 볼트만(R. Bultmann: 1884~1976)의 의견도 소개하고, 그 밖에도 "구약은 우리에게는 이질적인 종교에서 비롯된 것이고 역사적으로 볼 때 구약은 기독교 종교와는 다른 자리에서 생긴 것이라고 한 바움게르텔(F. Baumgartel: 1888~1981)의 지적과, "구약의 근본 진술들은 기독교 정경에 속하지 않는다."

는 필하우어(P. Vielhauer)와 헨첸(E. Hanchen) 등의 지적들을 소개 하고 "요약하면 첫 번째 기독교인들은 구약을 독립적인 권위를 가진 것으로 보지 않았다."고 해석을 달고 있다. (『구약신앙과의 만남』 17쪽-21쪽 참조)

  요컨대, 구약을 정확하게 이해하기 위해서는 사실(史實)과 사실(事實)이 문서상으로 전하는 근거를 가감 없이 고찰하고 믿는 것이 가장 이성적이고 합리적이라는 데는 이의를 달 수가 없을 것이다. 한마디로, 우리의 관심의 핵심은 어떻게 그토록 음탕하고 흉악한 살인·살상의 표현들이 성경(구약) 속에 지금까지 버젓이 고쳐지지 않고 그대로 지속해 오고 있을 수 있었을까 하는 데 대한 궁금증이다. 구약은 읽지 않으면 탈이 안 난다. 읽지 않으면 그 속에 이런 망측하고 끔찍한 문장들로 도배질되어 있는 것을 발견할 수 없기 때문에 문제가 될 수 없다. 그러나 그걸 읽으면 탈이 안 날 수가 없다. 이와 관련해서 결정적 자료를 제공하고 있는 것이 이른바 중세 바티칸의 트리엔트(Trient) 공의회의 결정과 반포문이다. 이 공의회는 1545년부터 1563년까지 8년 간 마르틴 루터에 의한 종교개혁파들의 공세에 대비하기 위해 설치한 바티칸의 공식적 기구였던 것이다.

성경에 대한 역사비평 방법은 갈릴레오 및 데카르트와 동시대인이었으며 동시에 유대인 철학자이자 성서 비평가였던 스피노자의 제자 리샤르 시몽(Riched Simon: 1638~1712)이 시초이다. 시몽은 성경 가운데 모세가 썼다는 모세 5경이 모세로부터가 아니라 오랜 역사적 과정을 거쳐 집필된 책이라는 사실을 밝혀냈다. 1678년 시몽이 발표한 『구약성경에 대한 비판적 연구』는 현대 성서학자들에게 황금과도 같은 원전이지만 그 저작들은 모두 압수되어 불태워졌다. 그로부터 가톨릭교회 내에서 성경 연구는 교회 당국에 의해 말살되고 말았으며 성경에 대한 연구는 철저히 금지되었다. 따라서 일반 신도나 사제는 성경을 연구하거나 언급하는 것이 일절 금지되고 오로지 사도좌라는 몇 사람들만이 성경을 볼 수 있도록 한 것이 트리엔트 공의회의 결정이고 반포였다. 그 후로부터 일반 신도도 성경을 연구해도 좋다고 풀어 놓았다는 자료가 잘 발견되지 않는다. 이처럼 성경, 특히 구약은 일반 신도들이 읽지 못하게 한 까닭에 그 속에 자그마치 1,629구절이나 되는 음탕하고 잔인한 문장들이 성경이라는 보호막 속에 숨어서 이날 이때까지 버젓이 성경구절로 행세해 오고 있는 것을 정직하고 이성적으로 깨달아야 한다. 이러한 종교적 속임수는 맹신 가지고 해결될 일이 아니다. 더구나 오늘의 젊은 세대는 저 혜성에서 온 사람들처럼 깰 대로 깬 사람들인데 우리 후세의 인간들의 영혼을 붙들고 이처럼 흉악하고 망측한 구절들을 구약 성경에 그대로 둔 채 성경이라고 읽고 구원 받으라고 한다면 이후 세계에서는 기독교가 소멸되고 말 것이 불을 보듯 훤하다.

제2절

신약성경의 이해

성경은 출판사상 가장 많이 팔린 책이다. 그러나 성경은 들고만 다니는 책이지 읽는 책은 아니라는 말도 있다. 역사에서 한 때 성경은 읽는 것은 물론 가지고만 있어도 화형을 당했다. 이처럼 성경의 역사는 험난하다. 기독교인들은 성경을 읽지도 않으면서 그저 들고만 다녀도 은혜스럽기만 하다. 일종의 성경의 최면술이기도 하다. 그런가 하면 또 성경을 부정하는 사람들을 보는 것만도 기피증이 생긴다. 니체 같은 철학자는 "나는 성경책을 만질 때마다 손에 장갑을 낀다. 성경을 만지면 손이 더러워지기 때문이다."라고 성경을 극도로 증오한 사람도 허다히 있는 것도 사실이다.

기독교인들은 신약성경은 하나님의 말씀, 예수님의 말씀으로 믿고 있다. 그건 신앙적인 태도이지 올바른 이해는 아니다. 한글 성경의 경우 신약은 전체 423페이지로 인쇄되어 있다. 이 중 예수가 말한 분량은 겨우 35페이지, 전체 신약성경책의 8.2%뿐이다. 나머지는 그의 제자들 사도들이 서로 주고받은 편지들이다. 성경(Bible)은 원래 희랍어의 Biblos, 즉 작은 책이라는 뜻인데 BC 1,500년부터 AD 100년까지 근 1,600년에 걸쳐 수많은 편집과 수정 작업을 거쳐서 만들어진 작은 책인 것이다. 예수의 말씀집도 아니고 하나님의 말씀집도 아니며 사람들이 처음 파피루스라는 갈대로 만든 종이로부터 비롯된 구전문학의 축소편집판인 것이다. 특히 신약성경은 예수 사후 근 100년이 지난 후에 수집된 각종 설과 파피루스에 적힌 전설들 중 예수를 신격화 하는 데에 초점을 맞추고 인간들이 짜맞춘 문서일 따름이다. 오늘처럼 각종 매체가 고도로 발전된 과학시대에도 100년 전의 일이라면 올바로 전달되기가 어려운 법인데 더구나 예수 사후 100년이라는 시대에 '-라 카더라' 하는 설화에 근거해서 만든 책이 진실된 내용을 담는다는 것은 애초부터 기대하기 어렵다는 것을 알아야 한다. 신약의 전설을 기록했다는 갈대 종이 파피루스도 그렇지만 기원전 1,500년 당시의 양피 두루마리에 적혀 있다는 문서의 신빙성은 더욱 사실과 동떨어진 내용이 대부분일 수밖에 없는 것 아니겠는가?

중세기 성경 편집진용들 간의 알력과 갈등으로 인해서 서로 살육하고 화형에 처하는 등 우여곡절 끝에 한동안 성서라는 것은 자취를 감추고 있다가 1887년부터 1894년 사이에 니콜라스 노토비치 황제의 칙령에 의해서 신약은 다시 불어로 햇빛을 받게 된 기록이 있다. 어느 시대였든 예수를 신격화하는 데에 초점이 맞춰져야 했는데 로마에서의 신의 조건은 첫째 동정녀가 낳아야 하고, 둘째 부활해야 한다는 두 가지 전제 조건이 붙었다는 것이다.

신약성경의 이해를 위한 설명의 객관성을 담보하기 위해 여기서 잠시 성경사전(로고스 2011년 판 P.1,282~1,283)의 해설을 빌려보자. 신약 중에 〈성경〉이라 기록되어 있는 것은 구약성경을 말하고 신약의 전권이 초대교회에서 경전으로서 중요시된 것은 아주 뒤의 일이다. 특히 사도들이 세상을 떠나고 교에 있어서의 신앙 내용의 확인, 교훈의 권위화가 필요해져 신앙의 요구가 생겨나 정경화가 시작되었던 것이다. 신약성경 27권이 오늘 같은 형태로 정전으로서 승인된 것은 AD 397년의 카르타고 교회회의(Councils of Carthago)에서이다.

신약성경은 헬라어로 기록되어 있는데 그 본문은 사본에 의해 상당수의 다른 본문이 인정된다. 대문자사본, 소문자사본, 파피루스사본의 단편 등 총수 4,000을 넘는 사본에서 엄정한 본문 비판학 과정을 거쳐 진정한 본문이 구해진다. 현행 한글 개역 및 개역개정 성경은 이들의 본문 비판 연구의 결과를 총합한 네스틀레(Nestle, Eberhard 1851~1913. 독일의 성서학자, 오리엔트 연구가; (Erwin 1883.)의 교합에서 번역된 것이다. 그리고 현재도 다시 광범한 본문의 총합적인 연구가 진행되고 있다.

이처럼 성경은 사람들이 만든 것이고 여러 번 뒤집히고 펴고 폐기했다 또 끼워 맞추어서 오늘의 성경이 구실을 하고 있는 것이다. 그러고 보면 성경무오론 같은 말은 잠꼬대에 불과하다. 그리고 성경에 적혀있는 문장은 모두 다 거룩한 것이 아니고 우리가 냉철한 지성과 이성을 가지고 헤아리면서 읽어야 할 필요가 있는 것이다. 처음 희랍어로 된 것을 우리가 한글로 직접 번역한 것도 아니고 불어, 영어 등 다른 나라말로 먼저 번역된 것을 우리는 다시 번역한 것이기 때문에 그 번역 과정에서 잘못 전달된 부분도 적지 않을 것이라는 점을 전제해야 한다.

제7장

기독교 죄악사

제7장 기독교 죄악사

 세상에는 꼭 읽어야할 좋은 책들이 너무나 많다. 특히 기독교인들이 읽어야할 책들도 허다하다. 그런데 기독교도들 중엔 한 가지 법칙이 있는가 보다. 책 표지의 제목으로 봐서 기독교를 비판한 것으로 느껴지는 책은 절대로 사지도 않고 누가 그냥 집도 질내 읽지 않는다. 그런데 그런 책들 중엔 반드시 읽어야만 할 귀중한 책이 많은데 절대 읽지 않는 책 중 한 가지 책을 여기에서 소개해야겠다고 생각되는 책이 한 권 있다. 『기독교 죄악사』. 이화여대 교목으로 재직 중 집필한 조찬선 목사(신학 박사로서 한국 전국교목협회회장 역임)의 저서 이름이다.

 책 표지를 들추면 연세대학의 김동길 명예교수의 추천사가 눈에 들어온다. 그 분의 추천사를 읽어보자. "조찬선 목사님은 우리 교계의 어른이시고 이화여자대학교 교목으로 계실 때에는 형제처럼 지냈고 시골로 전도 여행도 여러 번 함께 다녔습니다. 조 목사님은 누구보다도 예수를 사랑하고 교회를 사랑하는 복음의 전도사이십니다. 목사님은 한국 교회뿐 아니라 세계의 모든 교회에 바로잡아야할 문제가 많다는 사실을 깨닫고 그 원인을 파헤치던 가운데 지나간 2000년 동안 교회를 이끌어 온 지조자들에게 허다한 죄가 있음을 밝혀냈습니다. 돌을 던지려는 심정이 아니라 돌을 맞으려는 각오로 하나님의 늙은 종은 이 책을 엮었습니다. 누구나 읽어서 큰 깨달음을 얻으리라 믿습니다."

저자 조찬선 목사는 서문을 이렇게 시작하고 있다. "본서는 숨겨져 있는 기독교의 죄악상을 폭로하여 기독교를 궁지에 몰아 넣으려는 의도로 엮어지지 않았다. 오히려 과거에 기독교가 저지른 죄악을 속죄하고 다시는 그러한 과오를 범하지 않도록 또 기독교가 혁명적인 개혁을 통하여 진정한 예수의 올바른 가르침으로 되돌아가 인류에게 참다운 구원, 희망, 사랑, 평등, 평화 등을 보장하고 타종교와 공존공영할 수 있는 새로운 종교로 혁신하게 하려는 것이 그 근본 목적이라."고 전제하고 있다. 기독교인들이 절대로 타부시해야 할 책이 아닌데도 기독교인들 중엔 이 책을 읽었다는 사람을 발견할 수가 없다. 그래서 예수의 감추어진 생애와 더불어 기독교인들이 알아야 할 내용들이 이 책 속에 진열되어 있다. 그렇다고 상하권으로 엮어진 이 책을 몽땅 다 소개할 수는 없고 여기서는 다만 기독교인들이 꼭 알아야겠다고 생각되는 일부분을 소개하기 위해서 이 제7장을 따로 마련하는 것이다. 『기독교 죄악사』의 저자 조찬선 목사는 4페이지에 달하는 그의 서문의 말미에서 "만일 기독교가 이런 상태에서 개혁되지 않으면 멀지 않은 장래에 박물관적 존재가 될 것이라는 미래학자들의 예측을 귀담아 들어야한다."라고 경고하고 있다. 지금은 고인이 되어 저 천당에 계신 저자에게 직접 양해를 구해서 쓰는 것이 아니라서 더욱 표절이 되지 않도록 그 분의 글이라는 것을 분명히 하기 위해서 일부 인용하는 문장은 책의 페이지를 모두 밝힌다.

싱하권으로 엮어진 조찬선 목사의 저서의 내용을 한 문장으로 표현한다면 '기독교의 역사는 피의 역사이고 살인의 역사이다.' 하긴 구약도 창세기 1장 1절부터 말라기 4장 6절까지의 문장 23,143절을 현미경으로 읽으면 그 중에는 여호와 하나님에 의한 인간 집단 살상구절이 932구절에, 음행과 관련된 구절도 619구절이나 된다. 따라서 엄밀한 의미에서 구약은 성경이라기보다 여호와 하나님의 범죄기록이라고 해야 맞다.

제1절

죤 칼뱅의 살인 행위

 종교란 참으로 어리석고 무비판적인 현상이라는 사실을 이 죤 칼뱅의 경우가 극명하게 웅변하고 있다. 결론부터 말하면 죤 칼뱅은 역사를 두고 희대의 살인마다. 조찬선 목사의 평가에 따르면 칼뱅은 현재 지옥 아랫목에 있어야 맞다. 그런데도 그는 장로교, 루터교, 침례교도들로부터 성자로 추앙받고 있다. 세상에 이만한 모순은 달리 찾아보기 어렵다. 왜냐하면 칼뱅은 그들 교파의 창시자이기 때문이다.

 죤 칼뱅(1509~1564)은 프랑스 태생으로 23년간 제네바 시장으로 재직하면서 처음 13년은 고전을 면치 못했으나 자리를 잡아가면서 폭군, 살인마로 변한 것이다. 그는 "교회 규율을 엄격히 하기 위하여 수많은 신도들을 투옥, 추방하고 사형도 서슴지 않았다. 천주교의 종교 재판을 보면서 자라온 그는 특히 종교적 범죄자를 잔인하게 처형하였다. 춤췄다고 투옥하고, 설교를 들을 때 웃었다고 투옥했으며 부모를 구타한 소녀를 목 잘라 처형하고, 귀신 쫓는 마법사도 사형시켰다. 이와 같이 그가 종교법원에서 막강한 권세를 과시하던 4년 동안 그는 76명을 추방하거나 투옥하고, 58명을 잔인하게 처형하였다. 처형당한 이유는 대개 그의 예정설, 성서의 권위 문제, 삼위일체설, 유아세례, 성만찬 등의 해석을 칼뱅과 달리했기 때문이다. 특히 성경 해석에 있어서 그 수다한 성경 구절 중에서 한 구절만이라도 그 해석이 칼뱅과 일치하지 않으면 이단으로 몰았다. 일단 이단이란 낙인이 찍히면 그는 숙청의 대상이 된다. 숙청은 경중에 따라 추방, 투옥, 사형 등으로 구분 된다."

칼뱅은 구약에서 여호와 하나님이 이스라엘 백성을 잔인하고 처참하게 죽인 수법을 본떠서 온갖 잔인한 방법으로 처형하였다. 기록에 의하면 그는 불태워죽이기(화형), 목매달아 죽이기, 목 베어 죽이기, 물에 머리를 처박아 죽이기, 여호와 하나님이 그 옛날 장군들을 세워놓고 가죽을 벗겨 죽인 것과 똑같이 산 사람들을 세워놓고 가죽을 벗겨 죽이고, 빈 방에 가둬 넣고 온갖 해충을 집어넣어 물어뜯어 죽게 하고, 손바닥을 조여서 고통으로 죽게 하고, 발바닥을 불로 지져 죽이고, 부모가 보는 앞에서 그 자식들을 끓는 솥에 넣어서 삶아 죽이고, 밑에다 뾰족한 못을 잔뜩 박아놓고 알몸으로 높은 곳에서 떨어뜨려 피투성이가 되어 죽게 하고, 온통 못으로 박힌 둥근 통 안에 알몸으로 집어넣고 그 통을 굴려서 피를 쏟고 죽게 하는 등 인간으로는 도저히 상상조차 할 수없는 온갖 잔인한 인간 살상 방법들을 구약에서 본받아 하나님과 같이 한다고 58명을 그런 식으로 참혹하게 죽인 당사자이다. 그런 범죄인을 자기가 믿는 종파의 창시자라는 단 하나의 이유로 불문곡직 무턱대고 거룩한 신학자요 성인처럼 우러러 받드는 행위는 오늘날 이 대명천지에서 심각하게 참회해야 할 일이 아닐 수 없다. 종교라고 해서 이토록 말로 형언할 수없는 살인마에게 그 죄를 묻지 않고 눈 감는 것도 죄악의 하나라는 사실을 알아야 한다. (조찬선 목사 저서 『기독교 죄악사』 하권 P.91에서 원용)

제2절

통계가 증명하는 천주교의 인간 살상

 역사는 승자가 기록한다. 패자는, 죽은 자는 말이 없다. 인류의 역사는 따지고 보면 피의 기록이다. 에덴동산에서 아담과 이브가 저지른 범죄를 인류의 원죄라고 못 박고 그 죄를 피로 씻기 위해서 예수가 세상에 왔다고 했다. 대부분의 전쟁은 성서에 근거하고 있다는 것이 신학의 정설이다. 다윗과 솔로몬은 시편에서 '날마다 진로하시는 하나님이시로다'라면서 여호와를 두려워하였다. 인구학과 인류생태학, 역사학적으로 구약 시대의 이스라엘 백성은 그 씨가 말라서 단 한 명도 이 지구상에 남아있지 않다는 것도 정설이다. 여호와 하나님이 자기 백성에 진노하여 그 씨를 말려 버렸고 인류사에서 살인은 에덴동산에서부터 시작 되었다.

〈피〉가 아니면 기독교도, 성경도 성립이 되지 않을 정도로 기독교는 피의 종교이다.

콜럼버스의 미대륙의 발견이라는 말이 있다. 발견이라는 것은 사람이 살고 있지 않은 무인도를 발견했을 때 쓰는 단어다. 미국 대륙에는 엄청난 수의 원주민이 사랑하는 가족과 더불어 오순도순 평화롭게 살고 있었다. 그 엄청난 인생의 목숨을 무참하게 죽여 놓고 그들을 청교도(PURITAN)라 불렀다. 하나님, 예수님의 뜻을 선교하고 이단을 숙청했다고 미화하고 있다. 회개는커녕 대륙의 발견이라는 단어로 저들의 인간 살상 행위를 근본적으로 부정하고 미화한 것이다.

여기서 조찬선 목사의 저서 『기독교 죄악사』의 기록을 왜곡하지 않기 위해서 그 일부를 원용해본다(『기독교 죄악사』 하권 P.25~27).

콜럼버스의 뒤를 따라 중남미 지역에 침입한 유럽인들은 하나님의 이름으로 다음과 같은 무서운 죄악을 범했다.

첫째, 영토 침략과 민족의 생존 위협 : 천주교인이었던 침략자들은 원주민들의 영토를 100% 빼앗아 점령하고 원주민들의 생존권을 침해했다.

둘째, 혼혈과 민족성 상실 : 남미 전체 인구의 근 60% 이상이 혼혈로 되어 민족의 순수성을 잃고 그들의 민족성을

상실했다.

셋째, 종교 침략과 신앙의 자유 박탈 : 자메이카, 수리남 등을 제외하면 천주교인들이 90% 이상의 원주민들을 천주교로 개종시켰다. 유럽의 정복자들은 철저하게 원주민들의 신앙의 자유를 박탈하여 수천수만 년 동안 전래해 온 원주민들의 고유 종교를 대부분 말살해 버렸다.

넷째, 문화 침략과 언어 말살 : 침략자들은 원주민들의 찬란했던 전통문화와 문명의 말살 정책을 철저하게 강행했다. 특히 언어 침략으로 원주민들의 언어를 거의 다 말살하고 정복자들의 언어를 국어로 사용하도록 강요하였다. 마치 일제 시대에 일본이 한국말을 없애고 일본어를 강요했던 것과 마찬가지다.

다섯째, 인구 감소 : 침략자들은 원주민들을 무차별 학살했을 뿐 아니라 원주민들에게 면역성 없는 병균, 즉 천연두, 매독 등의 병균을 퍼뜨려서 원주민 말살 정책을 시행했다.

여섯째, 인종 차별과 침략 지역의 서구화 : 유럽인들에 의한 철저한 문화 및 인종 차별 정책은 결과적으로 원주민들의 다양한 전통과 생활양식을 말살하고 획일적인 서구문화를 이식하였다. 유럽에서 온 사람들은 원주민들의 혼혈 정도에 따라 각기 다른 명칭을 붙이고 등급을 만들어 차별하

였다. 심지어 원주민들의 이름조차 서구화하였다.

일곱째. 자연생태계 파괴 : 원주민들은 유럽인들에게 정복당하기 전까지 자연환경을 훼손하지 않고 살아 왔다. 원주민들의 고유문화는 환경 친화적이었다. 그러한 자연생태계를 유럽인들의 문화·문명이 거의 다 파괴해 버렸다.

이상과 같이 유럽인들은 소위 복음화라는 미명으로 최악의 죄악을 저지르고도 중남미를 복음화하여 많은 영혼을 구원하였다고 자랑만 하고 있다. 추호도 반성하지 않는다.

이와 같은 대량 살상을 통해서 남미 전체를 강제로 천주교 일색으로 만들어 놓았다. 그 결과 남미 국가들의 천주교도 비율은 아르헨티나 92%, 콜롬비아 95%, 칠레 89%, 볼리비아 95%, 코스타리카 95%, 쿠바 42%, 도미니카 공화국 95%, 에콰도르 95%, 엘살바도르 75%, 온두라스 94%, 니카라과 95%, 파나마 93%, 파라과이 97%, 페루 90%, 우루과이 66%, 베네수엘라 96%, 멕시코 97%로 남미 거의 전부를 천주교 국가로 만들어 놓고 말았다.

이것은 선교의 결과가 아니고 집단 살상과 강제에 의한 포교의 결과일 뿐이다. 즉 범죄의 증거라고 해야 맞다.

제3절

종교재판소라는 제도적 범죄

천주교 2,000년 역사에서 종교재판소라는 제도는 소위 이단 숙청이라는 명분으로 약 5,000만 명을 학살했다. 그래놓고 이것을 거룩한 재판소라고 불렀다. 교황 그레고리 9세(1227~1241)가 1227년에 조직하여 수백 년 동안이나 유럽 전역에서 공공연한 공적 행사로서 억울한 생명을 학살한 것이다.

종교재판에 걸려든 피고인은 5세에서 85세까지 전 연령층에 이른다. 일단 피고인이 되면 잔인한 고문이 자행되고 고통을 견디지 못해 허위자백을 하면 이단자로 낙인 찍혀 대체로 대중 앞에서 화형에 처해졌다. 『기독교 죄악사』상권 P.331~332에서 조찬선 목사가 표현한 살상법을 여기에 다시 한 번 소개하여 천주교가 복음화라는 명목으로 얼마나 잔인한 범죄를 저질렀는가를 다시금 새겨보는 것도 유익할 듯하다. 앞서 죤 칼뱅의 살인 방법도 이와 유사하며 구약성경에서 여호와 하나님이 진로하사 자기 백성 이스라엘 백성을 멸종한 방법에서 많은 것을 모방한 범죄이다. 종교재판소에서 5천여 명을 학살한 방법을 다시 한 번 새겨보자.

1) 뾰족하고 날카로운 칼과 송곳들이 박혀있는 둥근 나무통 속에 이단자를 나체로 집어넣고 빙글빙글 굴려서 온 몸이 찔려 피투성이가 되어 죽게 하는 방법.
2) 길고 뾰족한 못과 칼을 수없이 박아놓은 판자를 땅바닥에 깔아 놓고 나체가 된 이단자를 높은 곳에서 밀어서 떨어뜨려 전신이 찔려서 피를 흘리고 고통스럽게 즉사시키는 방법.
3) 이단자의 자녀들을 잡아서 그 부모들이 보는 앞에서 살해하거나 끓는 물속에 던져서 삶아 죽이는 방법.
4) 끓는 납을 이단자의 귓속이나 입속에 부어 넣는 방법.
5) 등 뒤에 묶은 두 팔에 밧줄을 매어 공중에 매달아 올렸다가 갑자기 땅으로 떨어뜨려 죽이는 방법.
6) 눈알을 파내서 죽이는 방법

7) 혀를 잘라서 죽이는 방법

8) 이단자들을 거꾸로 매달아 놓고 햇볕에 말려 죽이는 방법

9) 사지를 찢어 죽이는 방법 : 네 마리의 말이나 소가 사방으로 달려가면 사지는 찢기고 몸통은 산산조각이 난다.

여기서 나열한 방법들은 모두 다 구약에서 여호와 하나님이 사용한 방법이라는 사실을 알아야 한다.(『여호와 하나님의 범죄』, 정경균 저, 휴먼컬처아리랑, 2015년. 참조 요망)

제4절

십자군의 범죄

십자군 전쟁이라는 것도 기독교가 저지른 역사적 범죄 사건의 하나다. 십자군 전쟁은 중세 유럽의 천주교도들이 회교도들로부터 성지 예루살렘 성을 탈환하기 위하여 교황의 주도 아래 약 200년 동안 피 흘린 사건이다.

교황은 군대가 없었다. 갑자기 많은 병력을 동원하기 위해서는 적당한 보수와 특권을 주어 종군하는 사람들을 우대해야 할 필요성을 느낀 교황은 십자군으로 종군하는 자들에게 아래와 같은 특권을 주기로 약속하였다.

1) 종군자의 가족과 재산은 교황이 보호해 준다.
2) 종군자의 모든 죄는 사함을 받을 수 있다.

3) 형무소에서 복역 중인 자가 종군하면 세상의 법적인 죄와 종교적인 모든 죄도 사함을 받는다.

4) 종군자의 빚은 탕감되고 전사하면 하나님 나라에 갈 수 있다.

5) 동방에는 성자의 유골, 금은보화, 미녀가 많으니 전리품으로 얼마든지 개인이 가져올 수 있다.

교황은 이상과 같이 동물적 욕구를 자극하는 조건으로 십자군을 모집하였으며 병기도, 보수도, 식량도 모두 현지에서 약탈로 자급자족하도록 하였다. 그러니까 십자군은 인간의 다듬어지지 않은 본능을 거리낌 없이 최고로 광폭한 인간짐승으로 내몬 것이다.

악마들이라고 표현하는 것이 어울리는 현상이다. 이와 같은 악한 짐승 같은 십자군을 200년 동안 9회에 걸쳐서 모집 투쟁하였으나 결과적으로는 패하고 말았다. 그 중에는 심지어 열 살 밖에 안 되는 어린 목동들로 프랑스와 독일에서는 아동 십자군까지 만들어서 전쟁터에 내몬 일도 있다.

교황의 빽은 하나님이다. 교황에게 있어서 세상에 아무것도 겁날 것이 없었다. 왜냐하면 하나님이 자기들 빽이기 때문에 교황은 그 어떤 짓을 해도 하나님을 위한 일이라면 거리킬 것이 하나도 없었다. 그래서 인류사에는 교황에 의한 범죄가 그치질 않았다. 예전엔 교황들도 솔로몬 왕처럼 본처 몇 명에 그 수만큼의 첩도 두고 그러고도 교황청에는 창녀실이 따로 있어서 매일 밤 교황 자신과 사제들을 위한 창녀들을 불러들였고 아침에 나갈 때 화대라고 계란 한 개씩 주었다는 기록도 있다.

오늘날에 있어서도 교황청 예산 항목 중 매년 엄청나게 증가하는 항목이 사제들의 성범죄를 해결하기 위한 항목이다.

이처럼 교황청은 예나 지금이나 범죄의 소굴임에도 불구하고 그들의 세계는 바깥 세계로부터 차단되고 가려져 있어서 일반 백성이 모르고 있을 따름이지만 역사 속에 감출 수는 없는 노릇이다.

제8장

사도신경은 미신 중의 미신

제8장 사도신경은 미신 중의 미신

제1절

사도신경의 정체

애당초 사도신경의 정체를 알 수가 없다. 이것은 성경 구절에 나오는 것도 아니고 그 출처가 분명치 않기 때문이다. 성경사전에도 언급이 없고, 성구 사전에도 이 단어가 나오지 않는다. 다만, 우리 국어사전에 보면 사도신경이란 기독교의 기본적인 교리를 담은 신앙고백문이라고 풀이하고 있다.

교회에 가면 어느 교회나 맨 먼저 눈 감기고 머리 숙이고 일동 소리 내서 중얼중얼 암송을 시킨다. 바로 이런 형식이 공산주의자들이 세뇌 교육을 하는 수법과 동일하다. 이것은 사회심리학을 100% 악용한 악랄한 방법이다. 사회심리학에는 하나의 법칙이 있다. 즉 자기 신념과 배치되는 내용일지라도 반복해서 혀를 나불거리면(toung lashing이라고 한다) 점점 내면화(internelization)해서 그 내용이 자기 신념인 것처럼 된다. 자기 최면에 걸려들고 마는 것이다. 사도신경의 내용을 2천 년 전 미개인도 아니고 정신이 멀쩡한 현대인에게 강요하려니까 정상적 방법 가지고는 설득하거나 신념화해 줄 수가 없는 것이다. 그래서 교회가 도입한 것이 공산주의자들이 악용하는 자기 최면술을 써서 교인들의 머리와 마음을 바보로 만드는 것이다. 내용이 합리적이고 이성적이라면 굳이 이처럼 악랄한 방법을 쓸 필요가 없는 것이다. 설교 방식으로는 말하기 거북한 내용들이기 때문에 이처럼 최면술을 써서 내면화하고 있는 것이다. 종교적 사기술이라 해야 맞다. 하기야 기독교 자체가 미개한 사회에서 사기로 성립한 종교이니까 사기술을 써서 교인들을 바보로 만드는 것은 기독교 생태적 본질이라 할 것이다.

시험 삼아서 비기독교인 성인이나 때묻지 않은 청년들을 앞에 놓고 사도신경의 내용을 한 토막 한 토막씩 설교식으로 주장해 보면 아마도 100명 중 100명이 웃기지 말라, 놀리지 말라, 누굴 바보로 아느냐는 등 상당한 거부 반응이 나올 것이다. 이번엔 목사들 100명을 놓고 사도신경의 내용을 한 토막씩 찬반을 물으면 아마도 50% 이상의 내용에 대해서 갸우뚱할 것이다. 명색이 목사이고 평생 교인들 앞에서 진리인 양 설교를 해 왔는데 자기 입으로 부정하긴 싫을 터이다. 최면을 걸어 놓고 양심에 물으면 목사들도, 특히 젊은 목사들은 아마도 대부분의 내용을 거부할 것으로 생각된다. 양심이 썩지 않고는, 이성이 마비되지 않고는 사도신경의 내용들을 곧이곧대로 믿을 목사는 몇 안 될 것이다. 기독교가 양심을 회복하고 현대인의 지성과 이성을 존중한다면 성경책에서 사도신경은 지워야 한다. 최소한도 예배시간마다 머리 숙이고 눈 감기노 공동으로 소리 지르게 하는 사기술은 당장 중단해야 옳다. 그래도 명색이 종교인데 종교의 탈을 쓰고 어떻게 공산주의자들과 전쟁터에서 포로들을 세뇌하는 악랄한 방법을 고집할 수가 있단 말인가?

제2절

전능(?)하사 천지를 만드신 하나님

전능하다는 말은 현재적 상황은 물론 미래를 예측하는 능력도 포함하는 능력이라야 한다. 그리고 전능할수록 참되고 선해야 한다. 악한 자가 전능하면 우주와 인간 세상은 비극의 창고가 될 수밖에 없기 때문이다. 전능한 하나님이 에덴동산을 만들고 거기에 아담과 이브를 만들었다. 그리고 온갖 나무를 만들면서 따 먹으면 정녕 죽을 생명수도 함께 만들었다. 그런데 아담과 이브는 그걸 따먹었다. 만물을 만들면서 뱀과 온갖 해충도 함께 만들었다. 그리고 친손자 가인과 아벨을 만들었는데 형이 아우를 죽였다. 인류사에서 살인을 에덴동산에서 시작하게 하였다. 그러고 보면 이 한두 가지 사실 만 가지고도 전능한 하나님이라기보다는 멍청한 하나님이라고 표현해야 맞는 것이 아닌가?

창세기는 하나님이 천지를 창조하고 2,500년이 지난 후에 모세에게 가르쳐 줘서 모세가 쓴 기록이라 한다. 모세가 기록을 잘못한 것인지 하나님이 진짜 멍청한 것인지, 아니면 둘 다 멍청한 것인지 모르겠다. 창세기의 기록은 오늘날 초등학생더러 작문을 하래도 그렇게 앞뒤가 안 맞게 글을 쓰지는 않을 것이다. 한 예로, 가인이 아벨을 죽인 후 하나님이 가인을 불러 네 동생이 어디 있는가라고 묻고 모른다고 잡아떼자 그를 에덴에서 내쫓겠다 하니 가인이 왈 "내가 이곳을 벗어나면 사람들이 나를 죽이겠나이다." 하니 하나님이 "그렇지 않다. 너를 해치는 자는 7배나 벌하리라."고 하였다. 에덴동산에는 인간이라고는 도무지 아담, 이브, 가인, 아벨 등 네 명 중 아벨이 죽었으니까 인간이라곤 단 세 명이라야 맞는데 웬 놈의 "사람들이 나를 해칠까 하나이다"라는 말이 있고 하나님도 "그렇지 않다. 너를 해치는 자는 7배나 벌하리라." 하고 증표를 주면서 "이것을 그들에게 보여주면 너를 해치 아니하리라." 지금 같으면 초등학교 교과서에서도 이렇게 앞뒤가 안 맞는 얘기는 있을 수가 없다. 이뿐만이 아니다. 또 한 가지 예를 든다면 하나님은 에덴동산에 아담 가정만 창조했다고 해 놓고 뒤에 보면 하나님의 아들들이 사람의 딸들을 보고 각자 마음에 드는 딸들과 짝을 지었다고도 했고, 또 자세히 보면 하나님이 에덴에 아담 가정을 창조할 당시 땅에는 네피림이라 하는 장대한 인간들이 있었다고도 했다. 도무지 성경 말씀엔 일관된 것이 하나도 없다.

창조 자체에 대한 기록도 뒤죽박죽이다. 해와 달과 별을 넷째 날에 만들었다고 적어 놓고 실은 첫째 날과 둘째 날에도 낮과 밤이 있었다는 건 앞뒤가 안 맞는다. 이것들은 몇 가지 예에 불과하고 이처럼 뒤죽박죽 엉망인 성경 내용을 가지고 눈 감고 머리 숙이게 해 놓고 큰 소리로 다 함께 중얼중얼 소리 내서 암송을 시킨 덕에 기독교 신자들은 2천여 년 동안이나 자기 최면에 걸려서 현실에 눈을 감고 있게 만든 것이 곧 사도신경인 것이다.

제3절

하나님 아버지?

　결론부터 말하면 하나님은 우리의 아버지가 아니다. 우리의 아버지가 될 수가 없다. 성경에 의하면 하나님은 오로지 예수의 아버지일 따름이다. 왜냐하면 예수는 하나님의 독생자라고 성경에 못 박아 있기 때문이며 우리들이 기도할 때도 말버릇처럼 '하나님의 독생자 되시는….'하며 제 입으로 말해 놓고는 금방 남의 아버지를 자기 아버지처럼 하나님 아버지라고 하는 것은 정신병자 아니면 바보 같은 증상이기 때문이다. 우선 하나님의 국적을 성경에 의해서 구명해 보면 하나님은 결코 이스라엘 사람이 아니면 아버지라 말할 수 없도록 못 박아 놓았기 때문이다. 구약에서 하나님의 아들이라는 것은 이스라엘 백성을 지칭했고 신약에 이르면 그것도 아니고 오직 독생자 예수만이 하나님을 아버지라 부를 자격이 주어져 있다. 이 관계를 조금 더 분명히 하기 위해서 우리는 하나님의 국적이 어느 나라인가를 성경에 근거해서 밝혀 볼 필요가 있다. 신화 속의 모든 신은 국적이 있다. 마찬가지로 하나님을 이해하는 데 있어서 그의 국적이 어딘가를 알아야 하는 것이다. 그의 국적을 방증으로 알기 위해서는 그의 아들이 어느 나라 사람인가를 알게 되면 그의 아버지 하나님의 국적은 저절로 밝혀지는 것 아닌가? 그러면 하나님의 아들은 누구이며 그가 어느 나라 삶인가를 알아보자.

구약에서는 하나님의 아들이라는 뜻이 가장 명확하게 나와 있는 것이 다니엘서 3장 25절 한 곳뿐인데 아랍어의 단수 바르엘하임으로 표기 되어 있다. 그 외에는 복수로 기록되어 있는데 이스라엘 백성과 왕들을 가르키는 말이다. 신약에서는 단수로 45회 사용되고 있는데 그 중 눅 33;38절에서 아담을 가리키는 외에는 모두 예수 그리스도를 가리키고 있을 따름이다.(마 16;16, 막 5;7, 눈 1135, 요 1;34, 행 9;20, 롬 1;4, 갈 2;20, 히 4;14) 다만 요 1;21절에서 예수 믿으면 하나님의 자녀가 되는 권세는 주어지지만 그렇다고 하나님의 아들이 되는 것은 아니다. 또 한 구절 롬 14;17절에 기대해 보아도 아들의 영에 의해서 그를 통해서만 아바, 아버지라 부르는 것이 허용된다고 적혀 있으나 이 역시 우리가 하나님의 아들이 된다는 뜻은 아니다. 이처럼 신·구약을 통틀어 봐도 외아들 예수 그리스도만이 하나님의 친자이기 때문에 우리 인간들은 죽었다 깨도 하나님의 아들이 될 수가 없다고 성경이 똑똑히 선을 긋고 있다. 이것은 다른 말로 이스라엘 사람 예수의 아버지 하나님의 국적은 이스라엘이며 이스라엘 이외의 세계 인류는 하나님과 족보상 아무런 인연도 없다는 뜻이다. 그러기 때문에 이스라엘 사람이 아니면서 사도신경을 외운다면서 〈하나님 아버지〉라고 하는 것은 넌센스이다. 우리의 할아버지 딘군 할아버지를 남의 나라 사람이 할아버지라고 부르는 것과 똑 마찬가지로 웃기는 얘기다.

제4절

그 외아들 예수 그리스도를 믿사오니

억조창생 이 우주와 만물과 생명을 창조했다는 하나님이 b?억만년 자식 하나 없다가 겨우 2,000년 전에야 외아들 예수 하나 만을 가졌다는 사실 자체가 웃기는 우화에 불과하다. 요새처럼 깬 인간 세계에서는 유치원에서도 통할 수 없는 만화다. 한 나라가 이웃 나라를 점령해서 통치하기 위해서도 자국 백성을 엄청나게 파송하는 법인데 형태와 육신이 없는 무형의 하나님이 온 우주를 다스리기 위해 달랑 외아들 하나만을 만들고, 게다가 또 독생자 예수를 통하지 않고는 하나님 나라에 갈 수가 없다고 못 박고 천국에 가는 것은 낙타가 바늘구멍을 통과 하는 것보다 어렵다고 했으니 도대체 하나님은 에덴동산에서부터 인류를 죄악에 빠뜨려 놓고 구원의 길도 이토록 콧구멍보다 좁게 만들어 놓았으니 하나님은 도대체 인류를 구원하겠다는 것인지 말겠다는 것인지 알 수 없다. 서구의 많은 신학자들은 이 한 구절에 걸려 신앙의 길을 포기하는 사례가 허다하다. JESUS IS THE ONLY WAY TO GOD라는 구절에 실망하고 기독교와 등지는 신학자들이 많다. 그 대표적인 예가 챨스 템플톤(CHARLES TEMPLETON)이다.

챨스 템플톤은 빌리 그라함과 20세기 대표적 부흥 강사인데 그들이 섹선교에 부흥강사로 나설 때 빌리그라함은 미국과 아세아를 맡고 템플톤은 카나다와 유럽을 담당하기로 한 것이다. 그래서 우리는 빌리 그라함이라면 익히 알면서도 챨스 템플톤은 생소한 것처럼 캐나다와 유럽에서는 빌리 그라함은 생소하고 챨스 템플톤이라야 세계적 부흥강사라는 것을 알고 있다. 이는 7순이 되어서야 평생 처음으로 (FOR THE FIRST TIME IN MY LIFE) 여가를 틈타서 구약을 통독하고 기독교와 하나님한테 환멸을 느껴서 『FAREWELL TO GOD』(하나님 안녕)이라는 책을 쓰고 하나님과 결별했다.

챨스 템플톤에 의하면 전 지구 인구의 80% 이상이 하나님 외에 약 300개의 신을 믿고 있으며 토속 민족의 민속적 신까지 합치면 지구 상에는 약 3,000개의 신이 있는데 오로지 예수 그리스도 하나만을 믿어야 구원을 얻는다는 것은 말도 안 된다는 것이다. 그리고 인류사에서 사망의 대부분은 영아사망이고 예수라는 말조차 들어보지 못한 인간이 대부분인데 어떻게 예수 하나만을 믿으면 천당에 가고 안 믿으면 지옥에 간다는 교리를 가지고 무슨 재주로 인류를 구원하겠다는 것이냐고 하면서 기독교는 결코 인류 구원을 위한 종교가 될 수 없다고 못 박고 있다. 1893년 세계종교의회(WORLD PARLIAMENT OF RELIGION)에서는 자기만 옳고 다른 사람들은 죄인이라고 하는 그 자체가 진짜 죄라고 선언한 바도 있다(The real sin is to call someone else a sinner). 매주 머리 숙여 눈감고 이런 허무맹랑한 구절을 소리 내서 주장하는 사이에 자기도 모르게 스스로 독선적 인격과 성품을 지니게 되어 남도 선하다는 생각을 할 여지를 뭉개고 있는 것이다. 사도신경을 외우면 외울수록 인격과 인간성이 파괴된다는 사실을 깨달아야 한다.

제5절

이는 성령으로 잉태하사 동정녀마리아에게 나시고

이 내용은 앞서 제1장 제2절(예수는 누구의 아들인가)에서 지적한 내용과 중복되기 때문에 여기서 재론을 하지 않는다.

제6절

십자가에 못 박혀 죽으시고 사흘 만에 다시 살아나시며

기독교 신앙 중에서는 바로 이 부분이 핵심이다. 이 부분이야말로 현대 과학을 인정하는 한 만화에서나 할 정도로 정말로 미신 중의 미신이다. 사람은 여러 가지로 미치는 수가 있다. 술에 취하고, 마약에 취하고, 도박에 취하고, 색에 취하고, 재미에 취하고. 신앙도 마찬가지다. 신앙도 미치는 수가 있다. 다른 이유로 미치는 것은 목숨까지 내놓고 미치는 수가 흔하지 않지만 신앙에 미치면 목숨까지도 아깝지 않게 바치는 수가 있다. '취한다'. 무엇에나 취하면 '제 정신이 아니라' 한다. 특히 신앙에 취하면 이성과 지성이 마비되는 수가 있다. 예수를 잘 믿는다는 것은 신앙에 취해 있다는 말도 된다. 그러기 때문에 합리적, 이성적이라는 말은 해당되지 않는다. 신앙생활에 취해 있는 상태에서는 이성과 지성이 마비되어 있을 정도로 미쳐 있어야 한다. 이렇게 미친 사람한테 이론이 어떻고 저떻고 논하는 것은 어리석은 일이다.

지금의 대명천지에서 사람이 죽었다가 삼일 만에 다시 살아났다는 말하면 말하는 사람도 미친 상태로 볼 것이며 또 미치지 않고는 이런 말을 할 수가 없을 것이다. 미신이기 때문이다. 그러나 이와 같은 미신적 거짓말이 2천여 년 전에는 통할 수 있었다. 그러나 지금은 21세기 문명시대이다. 주일마다 입으로 달달 외우면서도 솔직히 덜 취한 사람, 덜 미친 사람들은 마음 한 구석에서 찜찜한 느낌이 없지 않을 것이다.

인터넷에 들어가서 부활과 관련된 것들을 검색해 보면 잡다한 이론과 주장들이 허다하게 깔려있음을 알 수 있다.

지난 몇 달 동안 인터넷 검색으로 깊이 있는 공부에 시간을 몽땅 바쳐 보았다. 그 내용을 말하기 전에 한 마디 전제가 있다. 예수를 제대로 믿으려면 미쳐야 한다. 맹숭맹숭하면 가식이고, 형식이고, 이중인격이다. 술이나 마약에 미친 것보다 아주 더 미쳐야만 제대로 된 신앙이다.

인터넷에 떠있는 허다한 기사들을 종합해 보면 '예수는

십자가에서 죽지 않았다.' 예수 십자가형의 죄목은 '유대인의 왕 예수'라고 형틀에 새겨져 있다. 즉 정치범인 것이다. 그 당시 이스라엘은 로마의 지배하에 있는 노예민족이었는데 느닷없이 예수가 나타나서 유대인의 왕이라고 하니까 이스라엘 독립의 상징이라 처형의 대상 된 것이다. 그냥 하나님의 아들이라고만 했으면 그건 내세에 관한 얘기이기 때문에 죄가 안 될 수도 있었다는 것이다. 결국 십자가형의 대상이 된 것이다. 이때 막달라 마리아의 오빠인 아리마대 요셉은 평소 빌라도 총통과 은밀히 막대한 뇌물을 바치는 그런 관계를 가진 사이이기 때문에 이번에도 막대한 뇌물을 빌라도에게 바치고 예수 대신 다른 사람을 십자가에 올려놓기로 하고 예수가 입고 있었던 옷을 그에게 입혔던 것이다. 그 역시 죽이지는 않았다는 것이다. 그 때 그에게 입혔던 옷이 바로 다름 아닌 '토리노 성의'인 것이다. 이 옷은 후일 과학적 분석에 의해서 죽은 자가 입었던 것이 아니라 산 자가 입었던 옷이라는 것이 밝혀져서 『예수는 십자가에서 죽지 않았다』는 이름의 책자가 나와 있다. 과학적인 분석의 결과를 설명한 책이다. 이처럼 예수 대신의 사람을 십자가에 올려놓고 쇼를 하는 동안 예수 일가는 로마군의 호위 하에 멀찌감치 프랑스의 남부 골(Gaul)이라는 지방으로 피신한 것이다.

이것은 객관적인 자료에 의한 사실인데 사도신경에서는 예수가 죽은 자 가운데서 사흘 만에 다시 살아나서 하늘로 승천해서 하나님 우편에 앉아 계시다가 산자와 죽은 자를 심판하러 다시 온다고 하였다. 세상에 이런 거짓말이 어디 있을 수 있겠는가? 단어 하나 하나가 모두 과학을 비웃는 단어들이다. 죽은 자가 어떻게 사흘 만에 살아난단 말인가? 한 예로 뇌졸중은 세 시간 안에 병원에 와서 손을 써야만 소생할 수 있는데, 예수는 응급조치도 안 했고 성경대로라면 십자가에서 못 박히고 로마 병졸들이 창으로 옆구리를 찔러 피를 다 흘렸다는 것이다. 부활절이 4월인 것을 보면 그 날씨에 죽은 지 사흘이 지났다면 오장육부가 다 썩었을 것이고 뇌세포도 다 망가졌을 것 아닌가? 거기에다가

멀쩡하게 살아서 그 육신에 그 옷 입고 하늘로 둥둥 승천한다? 이걸 말이라고 할 수 있는가? 2천여 년 전 미개한 시대라서 그걸 그 당시에는 속일 수 있었다 하자. 예수 사건이 요즘에 일어난 사건이라면 과연 이런 만화 같은 얘기를 할 수 있겠는가를 생각해 보라. 유치원 애들도 믿지 않을 것인데 이런 단어들로 구슬 꿰듯이 문장을 만들어서 현대 지성인들에게 예배시간마다 첫머리에 눈 감기고 머리 숙이게 하고 큰 소리로 외우게 하는 것을 따라 하는 오늘날의 기독교

인들의 양심이 무딜 수밖에 없다. 거짓일 것이라고 마음 한 구석에 의심의 구름이 깔려있는 것을 완전히 무시하고 사도신경의 문구들을 무조건 믿어야 천당에 간다고 자기 자신을 속이는 사람들이 온전한 인간일 수 있겠는가? 그래서 예수 믿는 사람들은 부정직하다는 말이 나오는 것 아닌가? 자기 자신도 속이는 사람들인데 남을 속이는 것쯤은 식은 죽 먹기일 것이다.

제7절

하나님 우편에 앉아 계시다가

인터넷에 떠 있는 모 신문의 김xx 기자가 자기 글의 맨 끝에 적은 문장을 먼저 소개한다. "거짓말과 속임수로 무지한 사람들을 속이는 종교는 양의 탈을 쓴 이리와 같아서 그 죄악은 이루 말할 수 없다. 더 이상 거짓말에 속지 말자."고

단호하게 경고하고 있다.

  사도신경은 분명히 땅이 평평하다고 믿는 지평설 시대에 만들어진 것이 분명하다. 지구의 자전과 공전을 모르는 어두운 미개 시절 땅은 평평하고 하늘은 높지만 하늘 어느 지점에 가면 거기에 공간이 있는 것으로 믿었던 모양이다. 그리고 예수가 부활 승천했다고 둘러댈 수밖에 없었던 사정은 그가 부활했다면 멀쩡한 예수가 살아 있어야 하는 건데 로마군병의 호위를 받아서 프랑스로 피신한 사실을 말할 수 없기 때문에 미개한 당시 사람들에게 하늘로 승천했다고 둘러댈 수밖에 없었던 것이다. 그리고 또 전능하신 하나님 우편에 앉아 계시다고 했는데 하나님은 성경 말씀대로라면 영적 존재이지 우리들처럼 육신을 가지고 있지도 않고 무소부재, 이 우주 공간 어디에나 다 있다고 믿으면서 그 우편에 앉아 있다는 것은 말이 안 통한다. 한 군데 단 한 시간만 앉아 있으려고 해도 몸이 뒤틀리는데 2,000여 년 동안이나 앉아 있다는 것은 말이 안 통한다. 나는 아주 오래 전에 한 목사님과 이 문제로 토의한 바가 있다. 예수가 그가 입고 있던 옷을 입은 채로 승천했다고 했다. 그러면 지금도 하늘나라에서 그 옷을 그대로 입고 있는지 갈아입었는지를 물었다. 천당에는 옷이 따로 없기 때문에 그 옷 그대로 입고 계신다는 것이다. 또 예수가 승천할 당시도 수염이 길었었는데 지금쯤 그 수염은 어떻게 되었는가라고 물으니까 천당에서는 식사를 안 하기 때문에 그 수염 그대로 자라지 않고 있다가 후일 재림할 때도 그 옷에 그 수염 그대로 오신다는 것이다. 한 가지를 더 물었다. 옛날 인간들의 죽음은 80% 정도가 영아 사망인데 예수가 올 때 그 많은 어린 젖먹이들이 이 땅 밑에서 다시 살아나 빽빽 젖 달라고 울면 그걸 누가 다 먹이고 보살 필 것이냐고 물었다. 그랬더니 그것은 인간들이 걱정할 일이 아니고 전지전능하신 하나님과 재림하시는 주님이 다 알아서 해결할 문제이니까 인간들이 염려할 일이 아니라는 것이다. 오늘도 교회 가서 예배시간마다 눈감고 사도신경을 달달 암송하고 있는 오늘의 기독교인들에게 묻는다. 지금 이 목사님의 말을 믿어야 신앙인데 과연 믿고 있는가? 만일 안 믿는다면 매주 교회에 가서 거짓말 연습을 반복하고 있는 셈인데 그런 행동을 하고 있는 자기 자신을 어떻게 평가하는가? 그러고도 합리적 인간이 될 수 있다고 생각하는가? 앞서 어느 기자가 경고했듯이 '더 이상 속지 말고 정신 차려야 할 것이다.'

제8절

저리로서 산 자와 죽은 자를 심판하러 오시리라

 이것은 말 자체가 잘 이해되지 않는다. 사도신경을 매주 달달 외우는 신자들에게 묻는다. 산 자와 죽은 자란 도대체 무슨 말인지 스스로 대답해 보라. 뜻이나 알고 달달 외우고 있는가? 우리의 성경 로마서 14장 8절~9절만 보아 가지고는 도무지 무슨 뜻인지 아리송하다. 그래서 영어 성경책을 찾아보면 조금 이해를 돕는 듯 싶다. 영어 성경에서는 이 구절을 다음과 같이 쓰고 있다.

If we live, we live to the Lord; and if we die, we die to the Lord. So whether we live or die, we belong to the Lord. For this reason, Christ died and returned to life so that he might be the Lord of both the dead and the living.

예수는 살아있는 사람들만의 주가 되는 것이 아니라 죽은 자들의 주도 되기 때문에 예수가 재림하게 되면 그 당시 살아있는 삶들뿐 아니라 억만 년 전에 죽은 자들까지도 살아 생전에 예수를 잘 믿었는지 어떤지를 심판해서 예수를 옳게 믿은 자들은 천국으로 데려가고 예수를 안 믿은 자들은 지옥으로 보낸다는 뜻이다. 정말 웃지도 못할 넌센스다. 지금 이 순간 이 지구에 살아있는 인구만도 70억이 넘고, 앞으로 언제 재림할지 모르는 사이에 지구 인구는 더 늘어나고 있는데 지금 현재 예수라는 말을 들어보기만이라도 한 인구수는 단 7억도 안 된다. 게다가 이 지구를 다녀간 인구는 현대 수학과 컴퓨터를 가지고도 계량이 안 될 정도로 많으며, 이들 중 대부분은 예수가 태어나기도 전에 이 지구를 다녀간 사람들이다. 이런 인구군도 예수 안 믿어서 지옥행이란 말인가? 사도신경이야말로 앞뒤 말이 하나도 제대로 된 말이 없다.

제9절

죄를 사하여 주시는 것과

　세상에서 일주일 동안 할 짓 못할 짓 다 해 놓고 주일날 아침 교회 와서 눈 감고 사도신경을 줄줄 암송하면 그 죄는 다 씻어지는가? 친딸을 때려 죽여서 방안에 근 1년이나 미라로 놓아 두고도 사도신경만 달달 외운 목사 부부도 죄 사함을 받고 천당에 가는가? 어떻게 보면 사도신경은 이처럼 파렴치한 죄인들을 위로하고 격려하기 위해서 만들어졌는지도 모르겠다. 그렇다면 이런 무리들에게는 사도신경이야말로 복음이고 구원이다. 비교적 순진한 교인들도 마음 한 구석 죄의식으로 찜찜했던 것을 일주일에 한 번이라도 씻고 넘어가는 청혈제라면 좋다. 이토록 모든 죄를 매 주일마다 다 씻어주는 하나님이 어째서 에덴동산의 아담과 이브는 과일 한

개 따 먹었다고 그 죄를 인류 전체에 오늘날까지도 추궁하고 있단 말인가? 하나님이 잘못되었거나 그렇게 주장하는 신학자들이 잘못되었거나 아니면 둘 다 잘못된 것이다. 하여간 성경과 사도신경은 모순 덩어리다. 그리고 하나님은 에덴동산에서 제 아우 아벨을 때려죽인 가인에게도 증표를 주면서 너를 해치는 자는 7배나 벌하리라 하면서 살인자까지 감싸준 것을 보면 하나님의 정죄와 벌은 기준이 없다. 이런 경우를 놓고 엉망진창이라 하던가?

제10절

몸이 다시 사는 것과 영원히 사는 것을 믿사옵나이다

성경의 얘기들이 아무리 과학과는 거리가 멀다고 해도 이런 표현은 정말 너무했다. 지금 현재도 지구는 만원이 된 지 오래다. 현재 70억이 넘는 인구가 이 지구상에 살고 있는데 매년 1억이 넘는 인구가 새로 태어나 일부는 죽기도 하지만 80억을 기록할 날도 머지않다. 이 지구는 더 이상 추가 인구를 수용할 수 없는 포화 상태에 도달한 지 오래다. 이 지구에서 지금까지 죽었던 그 엄청난 인간들의 몸이 다시 살아날 수 있겠는가? 그것을 어떻게 믿을 수 있겠는가? 또 남이야 어찌 됐든 예수 잘 믿는 사람들은 죽었다가 다시 이 땅에 살아서 돌아오는 것을 믿을 수 있겠는가? 죽으면 천당

가겠다고 예수를 그렇게 미치도록 믿는다면서 죽음 후 다시 살아나는 것을 믿을 수 있겠는가? 그것을 믿을 수 있겠는가? 그것을 믿는다면 염치없는 사람들이다. 이건 결코 축복이 아니라 저주이다. 거기에다 또 영원히 사는 것을 믿어야 하겠는가? 그것을 원하는가? 도대체 기독교 신앙에 빠진다는 것이 이렇게도 맹랑하고 이기적이란 말인가? 『기독교 죄악사』를 저술한 조찬선 목사는 이런 터무니없는 것을 믿지는 않을 것이며 이런 사고방식을 가진 자야말로 지구에서 몰아내야 한다고 외칠 것이다. 기독교가 미신적 종교가 아니라는 말을 듣고 싶으면 지금 당장 사도신경은 전 기독교 연합의 공동 합의로 폐기해야 한다. 그러기 전에라도 양심이 있는 목회자라면 당장 다음 주부터 교인들 눈 감겨 놓고 이것을 외우게 하는 범죄 행위를 중단해야 한다.

보록

부록

 성경은 성악설(性惡說)의 원전(原典)이다. 모든 인간은 원죄가 있다 해서 갓 태어난 갓난아기에게도 죄인이라고 뒤집어씌운다. 이른바 낙인론이다. 한글 사전의 정의에 의하면 낙인이란 "다시 씻기 어려운 불명예스러운 판정이나 평가"라고 적고 있다. 천진난만한 갓난아기부터 이렇게 낙인을 찍는 것이 기독교다. 그런대도 저항조차 하지 말란 말인가! 우리 인간을 이렇게 만들어 놓은 하나님한테 좀 따져볼 필요가 있다.

 성경사전 「뉴성경사전; 로고스, 2011」에 의하면 원죄를 이렇게 정의하고 있다. "전 인류를 타락한 상태로 몰고 간 아담의 타락과 죄악을 일컫는다.(롬 5;12~21) 아담이 불순종으로 죄를 범할 당시 그 뒤에 그의 몸에서 태어나서 인류를 이룰 모든 씨앗이 그 몸속에 있었으므로 온 인류는 아담의 일부분으로 아담과 더불어 범죄에 동참한 것이 된다. 인류는 아담의 후예이므로 그 원죄의 책임을 면할 수 없는데, 이 원죄는 개체가 태어난 이후에 스스로가 짓는 자범죄(自犯罪)와 대비된다."

이런 해석이야말로 울분을 참을 수 없게 만든다. 왜 전지전능하다는 하나님이 인간을 만들면서 따먹으면 그들 자신뿐 아니라 향후 전 인류, 즉 하나님의 피조물은 몽땅 태어나는 순간부터 죄인으로 태어나게 만들었는가를 하나님한테 대들어 따져야 한다. 이대로 당하기에는 인류가 너무 억울하다. 쥐도 코너에 몰리면 고양이를 문다는데, 하물며 만물의 영장이라는 우리 인류가 이렇게도 억울한 누명을 뒤집어쓰고 태어나서도 우리를 만들었다는 그 창조주에게 한 마디도 따지지 않고 그냥 넘어가기엔 너무 억울하다. 옛날 조상들이야 워낙 미개해서 그러려니 하고 당해 왔지만 인지가 깰 대로 깬 21세기의 인간으로서 조상이 당해온 대로 그대로 누명을 뒤집어쓰고도 가만히 있다는 건 후손된 도리도 아니다. 이렇게 억울한 심정으로 성경, 특히 구약을 정신 똑바로 차리고 곰곰이 읽어보니 인간이 저질렀다는 죄는 눈곱의 티만도 못하고, 오히려 죄, 그것도 엄청난 큰 죄를 저지른 자는 바로 하나님 자신이란 것이 확연하게 들어난다. 구약 성경 구절 중 천여 군데서 구약의 저자들은 그 때 이미 하나님의 죄악상을 소상하게 기록해 놓고 있는데, 우리 후손들이 미련해서 구약 저자들이 하나님의 범죄 기록으로 적어 놓은 것을 엉뚱하게도 성경이라고 뒤집어 놓은 것이다. 성경은 거룩한 책이 아니라 하나님의 범죄 기록이라고 해야 옳다. 그런데 이와 같은 하나님의 범죄 기록을 성경이라고 주장한 예수는 하나님과 짜고 친 고스톱 공범이다. 이와 같은 인간의 누명을 벗기기 위해서라도 우리는 하나님의 범죄를 까밝혀서 구약 저자들의 노고를 가치 있게 하고 우리 인간들이 지금까지 일방적으로 당해온 억울한 누명을 벗어야 한다. 그런 취지에서 '하나님의 범죄(CRIMES OF GOD)'를 책으로 묶어야 할 필요를 느끼게 된다.

모름지기 한글이 생겨난 이래 〈하〉〈나〉〈님〉〈의〉〈범〉〈죄〉라는 여섯 글자가 하나의 글귀로 쓰이는 것은 처음일 것이다. 영어가 생긴 이래로도 아마도 CRIMES OF GOD이라는 어구는 처음일거라고 생각하면서 인터넷을 검색해보니 William A. Schulz라는 신학자가 "IS GOD A CRIMINAL?"이라는 서너 쪽짜리 문장을 쓴 것이 전부인 것 같다. 십계명의 제3계명에서 나의 이름을 망령되이 일컫지 말라고 못을 박아 놓았기 때문에 하나님에 대해서는 의심하거나 더더욱 말로 불경스런 말만 해도 당장 벌 받는 걸로 알고 떨어오고 있기 때문에 감히 하나님의 범죄라는 엄청난 도전을 할 생각조차 못하고 지금까지 하나님은 우리를 만든 창조주이고 우리 인간들은 피조물이기 때문에 무조건 복종하고 경외해야 할 뿐이라고 체념하고 순종해 오고 있는 것이 사실이다.

인간은 역사 이래 계속해서 인지가 깨면서 〈인권〉〈자유〉, 〈평등〉, 〈사랑〉, 〈평화〉라는 절대가치에 눈을 뜨면서 인간의 본성을 회복해가고 있는 것이다. 오늘의 과학이 이 가치들을 뒷받침 하고 있다. 과학이 점점 더 발달하면서 위의 인간다운 가치는 점점 더 빛을 발하고, 역할을 하고 있다. 미신에 가까운, 아니 미신이라고 표현할 수밖에 없는 지금의 종교를 추종하는 사람들, 특히 개신교와 천주교의 미신적 신앙과 그것을 미끼로 밥 먹고 사는 목회자들의 거짓 인격도 이젠 더 이상 이 대명천지에서 그 가식을 지켜나기기 어려울 것으로 판단된다. 지금은 광명의 시대이고, 모든 인간들이 저 우주에서 온 것처럼 정신이 말짱한 사람들이다. 옛날 우화나 만화적인 설교 가지고는 현대인을 더 이상 바보처럼 이끌고 나갈 재주가 없어졌다. 사실상 1982년 『성혈과 성배』라는 책을 영국 BBC 방송 기자들 세 명이 십여 년간 집중 취재해서 예수가 십자가에서 죽지 않고 막달라 마리아와 프랑스로 피신해서 살았다는 사실을 밝혔다. 그 책에 의하면 지금도 프랑스 남쪽 "몽카루두"라는 야산에 예수의 묘지와 묘비가 있고, 예수의 후손들이 프랑스 각지에 8대 종문을 형성해서 번성하고 있다고 한다. 이런 사실이 밝혀지고, 영국 대법원에서도 사실이라는 판결이 나고서 1982년도에 영국 개신교와 천주교 교인 80%가 그 해에 몽땅 개종하거나 무신론자로 돌아선 이래 기독교는 지금 이 순간도 계속 구미 각국에서 사라지고 있는데, 유독 한국에서만은 우물 속의 개구리처럼 옛 신앙을 지키고 있을 따름이다.

우리도 하루 속히 몽매에서 눈을 떠야한다. 예수와 여호와 하나님한테 더 이상 농락당하거나 속고 살아서도 안 된다.

이 지구의 자전, 공전 소리가 너무 크기 때문에 우리 인간들 귀에 들리지 않는다. 마찬가지로 여호와 하나님의 범죄가 워낙 악랄하고 흉악하기 때문에 지금까지 우리 인간 조상들은 감히 여호와 하나님의 범죄를 의식하지 못한 채로 지금에 이르렀다. 게다가 십계명의 제3계명에서 네 하나님 여호와의 이름을 망령되이 일컫지 말라고 입을 딱 틀어막아 놓았기 때문에 나약한 인간들로서는 감히 그 위대한 하나님의 기분을 눈곱만큼이라도 잘못 건드렸다가 저주받을까 두려워 그에게 거슬리는 일은 전혀 상상도 못했던 것이다. 그러나 엄밀하고 냉철한 인간 지성과 양식을 가지고 구약 저자들이 구약에 기록해 놓은 여호와 하나님의 행실을 분석, 검토해 보면 여호와 하나님이야말로 정말로 엄청난 범인인 것이 틀림없다.

세상에 인류가 생겨난 이래 그 여호와 하나님처럼 악랄하고 흉악무도한 집단살인마는 없었다. 히틀러도, 스탈린도, 모택동도, 김일성도 그의 범죄 건수나 살상 방법에 감히 견주지 못할 정도이다. 하나님이 대학원 정도의 살인마면 이들은 유치원생 수준도 안 된다. 세상에 이토록 끔찍하고 어마어마한 살인마를 잡고 나서, 이 자의 범죄에 대해서 세상에 고발하는 고발장을 가장 리얼하게 적어야겠다고 생각하니 두 어깨가 너무 무겁게 느껴진다. 이 고발장은 우선 이 자에게 당해서 억울하게 죽은 수 억조 선인들의 원혼을 위로할 수 있어야 하겠다. 또 그 유족된 우리 인간 후손들로 하여금 우리의 조상들이 이 자에게 어떻게 당했는지를 알게 해야 하겠고, 지금 살아있는 지구상의 인류로 하여금 이 자로부터 더 이상 당하지 않도록 경각심을 일깨워야 하는 등, 이 고소장의 역할이 막중한 만큼 어깨가 무겁다. 이 엄청난 것을 무딘 필력과 제한된 지식으로 문장을 착수하려니까 무척 망설여져서, 우선 기존의 하나님 고소장이나 이에 유사한 문헌들이 있는지를 인터넷 등에서 백방으로 탐색해 보았는데, 제3계명에 의한 공갈이 두려워서인지 그리 많지 않은 것으로 나타난다. 가장 격식을 갖춘 고소장을 쓴 윌리암 슐츠(WILLIAM SCHULTZ)가 탐색하고 정리한 업적들이 한 너댓 가지가 있으나 책자로 된 것을 발견하지 못한 것으로 보인다. 그리고 보면 세종대왕이 한글을 만든 이래 〈하〉〈나〉〈님〉〈의〉〈범〉〈죄〉라는 한글 여섯 자로 『여호와하나님의 범죄』라는 제목 하에 책으로 엮는 것은 이것이 처음인 듯하다. 하기야, 구약은 성경이라기보다 하나님의 범죄를 기록한 자료집이고 기록물이며, 또한 구약 저자들이 작성한 하나님의 범죄에 대한 고소장이라고 해야 맞다. 또한 이 책자 전체가 저자의 고소장이긴 하지만 형법학 상 체계를 갖춘 대표적인 〈하나님 고소장〉은 윌리암 슐츠(WILLIAM SCHULTZ)가 쓴 것인데 그것을 번역해보면 다음과 같다.(William Schultz의 고소장 요약)

여호와하나님 고소장(William Schultz)

슐츠는 구약 속에서 창세기, 민수기, 레위기, 신명기, 여호수아, 사무엘 상 등 여섯 권만 가지고 그 속에 기록된 하나님의 범죄를 기소하였다. 실은 구약 39권 중 한두 권만 빼고는 구약 거의 전부에 하나님의 잔학상과 범죄 기록이 가득한데 몰튼의 문서에서 다음 아홉 가지 범죄만을 이 기소장의 기초로 하고 있다.

(1) 땅 위에 사람 지으셨음을 한탄하사 마음에 근심하시고 가라사대, 내가 창조한 사람을 내가 지면에서 쓸어버리되 사람으로부터 육축과 기는 것과 공중의 새까지 그리 하리니 이는 내가 그것을 지었음을 한탄함이니라(창 7;4). 지금부터 7일이면 내가 40 주야를 땅에 비를 내려 나의 지은 모든 생물을 지면에서 쓸어버리리라.

(2) 여호와께서 불뱀들을 백성 중에 보내어 백성을 물게 하

시므로 이스라엘 백성 중에 죽은 자가 많은지라(민 21:6). 너희가 돌아와서 여호와 앞에 통곡하나 여호와께서 너희의 소리를 듣지 아니 하시며 너희에게 귀를 기울이지 아니하셨으므로 여호와께서 손으로 그들을 치사 필경은 다 멸절되었느니라. 한편 신명기(2:33~36)에서 보면 우리 하나님 여호와께서 그를 우리에게 붙이시매 우리가 그 아들들과 그 모든 백성을 쳤고, 그 때에 우리가 그 모든 성읍을 취하고 그 각 성읍을 그 남녀와 유아와 함께 하나도 남기지 않고 진멸하였고,

(3) 여호와께서 이스라엘에 진노하시니라. 여호와께서 모세에게 이르시되, 백성의 두령들을 잡아 태양을 향하여 여호와 앞에 목매어 달라. 모세가 이스라엘 사사들에게 이르되, 너희는 각기 관할하는 자 중에 바알브올에게 부속한 사람들을 죽이라. 하나님께서 염병을 퍼뜨리니 그 염병으로 죽은 자가 2만 4천 명이더라(민 25:9).

그러므로 아이들 중에 남자는 다 죽이고, 남자와 동침하여 사내를 안 여자는 다 죽이고, 남자와 동침하지 아니하여 사내를 알지 못하는 여자들은 다 너희를 위하여 살려 둘 것이니라.

(4) 네 하나님 여호와께서 또 왕벌을 그들 중에 보내어 그들의 남은 자와 너를 피하여 숨은 자들을 멸하시리니, 하나님께서 유대 백성에게 명하시기를 내가 너희에게 붙인 땅의 모든 주민을 동정하지 말고 모두 죽이라. 남자는 모두 죽이고, 곱살한 여인이나 어린애는 포로로 하라.(신 7:20)

(5) 여호와께서 유대 백성에게 이르시기를 여리고성에서 코로 숨 쉬는 자는 모두 죽이되 남자나 여자나 나귀나 양이나 모든 짐승을 죽이라(여호수아 6장).

(6) '아이'의 모든 거민을 들에서 죽이되 그들을 다 칼날에 엎드리게 하여 진멸하기를 마치고, 또 이스라엘이 아이로 돌아와서 칼날로 죽이매, 그날 아이사람의 전부가 죽었으니 남녀가 일만 이천이라(여 8:24~25).

(7) 그들이 이스라엘 앞에서 도망하여 벧호론의 비탈에서 내려갈 때에 여호와께서 하늘에서 큰 덩이 우박을 아세가에 이르기까지 내리우시매 그들이 죽었으니, 이스라엘 자손의 칼에 죽은 자보다 우박에 죽은 자가 더욱 많았더라(여 10:11). 여호수아와 이스라엘 자손들이 그들을 크게 도륙하

여 거의 진멸시켰고, 그 왕들을 여호수아에게로 끌어내어 여호수아가 군장들에게 이르되 가까이 와서 이 왕들의 목을 발로 밟으라(24). 그 왕들을 다 쳐서 다섯 나무에 매어달고 석양까지 나무에 달린 대로 두어 죽이고(26), 막게다를 취하고 칼날로 그 성읍과 왕을 쳐서 그 성읍과 그 중에 있는 모든 사람을 진멸하여 한 사람도 남기지 아니하였으니 그 왕에게 행한 것이 여리고 왕에게 행한 것과 일반이었더라 (30). 여호와께서 또 라스기를 이스라엘의 손에 붙여 진멸하고(30), 호란과 에글론의 사람들을 진멸하고, 이와 같이 여호수아가 온 땅, 곧 산지와 남방과 평지와 경사지와 그 모든 왕을 쳐서 하나도 남기지 아니하고 무릇 호흡이 있는 자는 진멸하였으니, 이스라엘의 하나님 여호와의 명하신 것과 같더라.

(8) 여호와께서 이르시되 그들을 몰살시키리니 그들의 말 뒷발의 힘줄을 끊고 불로 그 병기를 사르라(여11;6). 한 사람도 남기지 않고 쳐 죽이고, 그 가운데 모든 사람을 칼날로 쳐서 진멸하여, 호흡이 있는 자는 하나도 남기지 아니하였고(12), 모든 성읍과 그 모든 왕을 취하여 칼날로 쳐서 진멸하여, 여호와의 종 모세의 명한 것과 같게 하였으며(14).

(9) 지금 가서 아말렉을 쳐서 그들의 모든 소유를 남기지 말고 진멸하되, 남녀와 소아와 젖 먹는 아이와 우양과 약대와 나귀를 죽이라 하셨나이다(사무엘사 15:9). 그러나 사울이 진멸하기를 즐겨 아니하고 가치 없고 낮은 것만 진멸한 데 대하여, 여호와께서 아말렉 사람들을 진멸하되 다 없어질 때까지 치라 하셨거늘, 여호와의 목소리를 청종치 아니하여 사울이 하나님의 저주를 받음(19).

슐츠 교수는 이상과 같이 여호와 하나님의 범죄 사실을 제시하고, 1950년 뉘렌버그(Nurenberg)법정에서 채택한 국제법 중 다음의 일곱 가지 원칙에 따라 하나님을 재단해야 한다고 주장하고 있다. 그가 제시한 일곱 가지 원칙은 다음과 같다.

원칙 1: 국제법에 따라 범죄로 지적되는 행실을 한 자는 누구든지 책임을 면할 수 없으며, 따라서 상응하는 처벌을 받아야 한다.
원칙 2: 국제법에 저촉되는 범죄 행위를 저지른 자에 대해서 비록 처벌을 가하지 않았다 하더라도 그런 행위를 자행한 자는 국제법으로부터의 의무로부터 자유로울 수 없다.

원칙 3: 국제법에 저촉되는 범죄 행위를 저지른 자는 그가 정부의 수반이나 책임 있는 자리에 있는 정부 공무원은 이 국제법에 따른 책임을 면할 수 없다.

원칙 4: 정부나 또는 상급자의 명령에 따라 국제법에 저촉되는 행위를 한 자는 자기 자신의 도덕적 책임을 면할 수 없다.

원칙 5: 누구든지 국제법에 따른 범죄를 저지른 자는 법에 따라 공정한 재판을 받을 권리가 있다.

원칙 6: 하기에 나열하는 행위를 한 자는 국제법에 따라 처벌을 받는다.

(a) 평화에 대한 범죄:

① 전쟁 발발의 계획이나 준비 또는 실행하는 행위, 또는 국제 협약을 위반하는 전쟁 행위

② 상기 1조에 명시된 행위에 참여한 자나 행위를 수행한 자

(b) 전쟁 범죄:

① 전쟁의 법규나 관행을 위반한 살인 행위나 가해 행위 또는 점령지의 일반 시민을 상대로 한 강제노동행위, 전쟁 포로나 해상에서의 살상 행위나 가해 행위, 공적 및 사적 재산의 탈취행위나 군사 작전 상외의 난폭한 파괴 행위 등등

(c) 인간성에 대한 범죄:

① 민간인에 대한 살인, 대량 학살, 강제 노역이나 강제 이동, 또는 정치적, 인종적, 종교적 이유로 박해하는 행위와 상기 전쟁이나 평화에 대한 범죄행위와 연관해서 박해하는 행위 등등

원칙 7: 평화에 대한 범죄, 전쟁 범죄, 인간성에 대한 범죄 등 행위의 모든 공범자들도 국제법에 따라 처벌된다.

슐츠는 또한 〈무신론자를 위한 도덕 논쟁〉이라는 글에서 브레들리(BRADLEY) 교수가 제시한 다음의 다섯 가지 객관적인 도덕적 가치의 기준을 소개하고 있다.

P1. 죄명을 적시하지 않고 순진한 어른이나 여성이나 천진난만한 어린이들을 무자비하게 대량 학살하는 행위는 도덕적으로 잘못이다.

P2. 성적 노예로 쓰기 위해서 젊은 여성들을 군인들에게 제공하는 것은 도덕적으로 옳지 않다.

P3. 백성들로 하여금 자기 식구나 친구를 잡아먹도록 명하는 것은 도덕적으로 옳지 않다.

P4. 인간들을 불에 태우거나 그와 유사한 방법으로 살해하

는 것은 부도덕하다.

P5. 신앙 문제로 인간을 한 없이 괴롭히는 것은 부도덕하다.

브래들리(BRADLEY)교수는 대부분의 사람들이 동의할 수밖에 없는 상기 다섯 가지 도덕적 기준을 합리적 도덕적 기준으로 제시할 뿐 아니라, 성경 속에 분명히 이들 기준을 위반하는 행위들을 하나님이 위협하거나 명령한 사실을 지적하고 있다. 이와 같은 지적들은 본인의 접근과 매우 유사하며, 현재 우리들이 모두가 인정하는 보편적 금지사항을 하나님이 유태인들에게 지시하고 있다. 다른 말로 말하자면 만일 오늘날의 유태인들이 성경 속에 분명하게 적혀 있는 것처럼 하나님의 명령을 좇아 오늘날의 이스라엘 백성과 주변국 사람들을 대량 학살하고 재산을 노략질한다면 아무리 하나님의 명령에 따른 행동이라 할지라도 오늘날의 인간들은 모두 한 목소리로 그들의 행동이 부도덕하고 불법이라고 선언할 것이 분명하다.

이것이야말로 모든 신자들로 하여금 하나님에 대한 도덕적 논쟁을 불러 오게 하는 함정이 아닐 수 없다. 만일 하나님이 오늘날 똑같은 행실을 명한다면 우리들은 모두 하나님을 도덕적으로 비난할 수밖에 없지 않으냐 말이다. 만일 하나님을 믿는 사람들이 우리처럼 하나님을 비난하는 일을 회

피한다면 그들이야말로 분명히 나치운동의 동조자들과 다를 바가 없는 것이다. 그렇다면 누가 성경을 진리라 하고, 하나님의 명령이 옳다고 주장할 수 있겠는가? 이것이 바로 내가 이 논고에서 추구하는 궁극적인 질문인 것이다. 그런데도 불구하고 그와 같은 하나님을 계속해서 지지할 것이냐, 아니면 그의 경멸스런 역사적 사실과 관련하여 하나님을 비난할 것이냐 하는 것이다. 그러므로 어떤 경우에도 1950년에 채택된 뉘렌버그 국제 헌장에 비추어 볼 때, 나의 주장은 브래들리 교수의 주장과 일치한다고 보아야 할 것이다.

재 판

 모든 법정은 오늘의 이 재판의 원인에 대해서 먼저 검토하는 것이 마땅하다. 이 재판 결과에서 도출될 하나님의 인도주의에 대한 법적 재단의 결과에 대해서 모든 종교인들은 그들의 신에 대한 도덕적 판결 결과에 대해서 불복종할 것이기 때문에 이 사안은 매우 심각성을 띠고 있다. 이 사건은 결국 모든 도덕성에 대한 정의나 명령은 오직 하나님이 자의로 정하는 것이냐, 아니면 도덕성에 대한 정의는 하나님의 명령과 독선에서 벗어나야 하느냐 하는 명제인 것이다. 즉 하나님의 행위를 어떤 기준에서 판단할 것이냐 하는 것은 지난 25세기 동안 논의되어 왔으며, 나는 이 논지에서 모든 도덕성은 그 어떤 신이든, 특히 유대교-기독교의 하나님으로부터 자유로이 객관적 관점의 도덕성이라는 기준에 따라 그 하나님의 행위를 재판하려는 것이다.
 나는 먼저 〈유디프로(EURHYPHRO)의 딜렘마라는 고전적 사건을 검토하는 바탕에서 과연 하나님이라는 존재에 대해서도 그 도덕성에 대한 재판이 타당하냐 하는 점부터 분석할 것이다. 이 사건의 연역적 추리(삼단논법)는 다음과 같다.

P1; 하나님이 존재하느냐 않느냐 하는 점이다.
P2; 만일 하나님이 존재하지 않는다면 그의 행위가 도덕적이냐 하는 물음은 의미가 없다.
P3; 만일 하나님이 존재한다면 그의 명령들은 도덕적이라 할 수 없다.
C; 그런고로 하나님의 모든 명령은 도덕적일 수 없다.

상기 중 P1 은 분석적일 뿐 논의 대상이 되지 않는다. 단지 신이 있다고 볼 것이냐 없다고 볼 것이냐를 정할 따름이지, 여기서 신이 존재 한다, 안 한다를 놓고 논쟁을 벌일 일이 아니다. P2는 자명한 명제이며, P1, P2, P3는 모두 옳은 전제이며, 따라서 결론은 저절로 내려지게 된다. 다시 말하면 이 삼단 논법의 합리성에는 하자가 없다. 이처럼 신자들은 하나님의 도덕적 권위를 지키기 위해서는 P3를 거부해야 한다.

그러나 신자들의 P3에 대한 부정이 합리적이냐 하는 점은 검토의 대상이다. 여기서 플라토(PLATO)는 P3을 다음과 같이 방어한다.

(a) 무엇이 도덕이냐 하는 것은 하나님이 명령하는 것이다.
(b) 만일 그렇다면
① 무엇이 도덕적이야 하는 것은 하나님이 명하는 것이기 때문에 하나님의 행위는 모두 도덕적이다.
② 하나님은 자기가 생각하는 것은 모두 도덕적이라고 생각하기 때문에 도덕을 자기 식대로 명령하는 것이다.
(c) 만일 ①의 입장에서 보면 실제 도덕이란 하나님과 결부될 수 없는 것이고
(d) 만일 ②의 경우라면 하나님이 명하는 것은 무엇이나 도덕적이다.
(e) 하나님이 명하는 것은 무엇이나 도덕적이라는 것은 말이 되지 않는다.(이 논지에서도 지적하고 있는 바와 같이 그의 하나님은 극악무도한 짓을 명하고 있는 것이 사실 아닌가?)
(f) 그런고로, (b②)
(g) 무엇이 도덕적이냐 하는 것은 하나님과는 별개의 명제이며, 하나님의 명은 도덕적일 수 없다.
(h) 그런고로, 하나님이 존재한다면 그의 명령은 부도덕한 것이다.

다시 한 번 함정에 빠져있는 신자들은 위의 확실한 삼단 논리도 부정하도록 강요당하고 있다. 이런 의미에서 저 신자들은 상기 제5항을 부정할 수밖에 없으며 하나님의 명령은 무엇이나 도덕적이라고 주장할 수밖에 없다. 신자들이 이런 주장을 계속 하는 이상 그들은 하나님이 그 어떤 악랄한 행위를 하더라도 그는 옳다고 고집을 부리는 것이다.(심지어 하나님의 선민 유태인들은 그 천진난만한 어린이들을 집단 학살한 것까지고 하나님이 한 행위이기 때문에 도덕적이라는 것이다). 그러나 대부분의 신자들은 대놓고 이런 주장을 할 정도로 대담하지는 않다. 이런 태도와 관련해서 윌리암 레인 크래그(WILLIAM LAINE CRAIG)는 다음과 같은 딜레마를 거들고 있다. 객관적 도덕적 가치에 관한 한 워싱톤 박사는 유디프로 딜레마를 제안하고 있다. 즉, 선한 것은 하나님의 의지이며, 또한 하나님의 의지는 선하다는, 뒤집어 말하는 논법의 딜레마를 지적하고 있는데, 이것은 허위라고 나는 주장한다. 그의 논리는 그 딜레마의 뿔을 둘로 잘라서 선하심은 곧 하나님의 본성이고, 따라서 하나님의 명령은 선할 수밖에 없다는 논법이다. 하나님은 정의로운 분이라서 우리들에게도 정의로운 것을 명할 따름이라는 것이다.

첫째, 크래그가 "정의"라는 개념을 들이대면서 하나님을 옹호함으로써 본질을 혼돈케 하고 있다. 그가 도덕이라는 말

대신에 정의(正義)라는 말로 대체한다고 본질이 바뀌는 것은 아니다. 크래그의 주장대로라면 하나님은 도덕적이고 정의롭기 때문에 그가 명하는 것을 따르는 것이 인간의 의무라면 인종 청소를 위한 대학살도 우리가 감행해야 옳다는 말인가? 사실상 성경이 증거하는 바에 의하면 그와 같은 하나님의 명령을 불순종한 인간들에 분노해서 그들을 처벌하였다는 기록이 있는 것이다. 크래그와 같은 신자들은 아마도 그와 같은 명령은 수천 년 전에나 있었지 현대인에게는 그런 명령을 내리지 않을 것이기 때문에 지금 그 옛날 얘기는 할 필요가 없다고 주장할 것이다. 그렇더라도 성경에 분명히 인종 청소를 위한 집단 학살과 그 순진한 어린이들을 전수 학살한 기록을 우리가 지금이라고 외면할 수는 없지 않은가?

또 어떤 신자는 무엇보다 하나님이 인간을 창조했기 때문에 하나님은 우리 인간들에 대해서 어떤 처분도 마음대로 행할 수 있는 권한이 있다고 주장할 것이다. 그러나 20세기 인류의 역사에서 하나님의 권능이면 어떤 일을 해도 옳다는 주장은 받아드릴 수 없는 것이다.

그리고 현실적으로 하나님의 명령이라고 부도덕한 명령도 순종하는 행실이 있다면 매우 두려운 일이 아닐 수 없다. 그런 사람들은 히틀러와 뭐가 다른가? 현실적으로 하나님의 명령이라고 전쟁을 치루면서 인종 학살을 감행하고 어린이들까지도 무참히 학살하는 일이 우리 주변에서 실제로 벌어지고 있지 않은가? 우리들은 너무 오랫동안 신자들로 하여금 집단 학살을 감행한 하나님을 심판하지 않고 내버려 둔 것을 허용해 온 셈이다. 가령 어느 개인적 지도자나 집단이 이런 행위를 했다면 우리는 그들을 심판하지 않을 수 없는 것처럼, 분명히 학살을 자행한 하나님을 재판에 회부하는 것이 당연한 것 아니겠는가? 그를 재판에서 면제할 이유가 없는 것이다.

자, 여기서 신자들의 진짜 입장은 무엇일까? 저들은 아직도 하나님의 명령은 그 어떤 것이든 극악무도할 수가 없다면서 상기 제5항을 아직까지도 거부할 것을 강요당하고 있다. 그러나 그들은 어떤 근거에서 그 부정을 주장하며 하나님의 극악무도함을 방어하려고 하는 것일까? 그 근거는 다음 두 가지 중 하나일 것이다.

① 크래그가 주장하는 것인데, 오늘 우리에게 부도덕한 것으로 보이는 하나님의 모든 행위는 자기를 방어하기 위해서 정의의 집행을 명했을 따름이다. 그렇다면 도대체 하나님에 대한 어떤 공격을 방지하기 위해서 그토록 잔인무도한 명령

을 내렸단 말인가? 그 궤변이 인류를 위한 정의가 될 수 있단 말인가?

② 이런 논리가 아니라면 혹시 앞에서 제시한 원칙들에서 지적한 하나님의 행위들을 부도덕하다고 하는 것은 우리 인간들이 하나님의 도덕과 정의를 잘못 해석한 탓일까? 그렇다면 도대체 인간들의 해석이 어떤 점이 잘못된 해석이라는 것인지? 하나님의 도덕을 상위 개념의 도덕적 기준이라고 한다면 하나님의 명령은 무엇이나 복종해야 하는가? 그 원칙은 무엇인가? 만일 그 원칙이 하나님의 명령은 무조건 복종해야한다는 것이란다면 신자들은 하나님에 대한 판단도 부정한다는 것인가? 만일 그렇다면 신자들의 입장은 도덕성이란 하나님과 별개의 가치라는 명제와는 배치되게 된다.

〈무신론자들을 위한 도덕논쟁〉이라는 글에서 브래들리(BRADLEY) 교수가 이와 유사한 신자들의 네 가지 딜레마를 제시하고 있다.

(1) 하나님에 관한 한 그가 어떤 행위를 하든, 어떠한 원인을 제공하든, 어떤 명령을 하든, 어떤 눈감아 준 행위도 모두 도덕적으로 받아드릴 수 있다.

(2) 성경 속에는 하나님이 행한 일, 원인을 제공한 일, 명령한 일 등 하나님의 행위들이 많이 기록되어 있다.

(3) 그 누구도 오늘날 우리들의 도덕적 원칙을 위배한 어떤 행위나 원인 제공이나 명령이나 눈감아 주는 행위들을 우리는 허용할 수 없다.

(4) 성경은 하나님이 우리들의 도덕적 기준에 위배되는 행위와 원인 제공과 명령과 눈감아 준 행위들을 우리들에게 증언하고 있다.

요컨대, 이상 네 가지 경우가 다 함께 존립할 수 없으며, 그 중 어느 한 가지를 지지하면 다른 세 조건은 상치되게 된다.

다시금 하는 얘긴데 신자들은 상기 중 (3)이나 (4), 또는 둘 다 거부할 것이고, 그럼으로써 인류의 도덕적 기준을 2백 내지 4백 년 뒤로 물리게 되는 것이다. 하나님이 이웃 민족들을 멸절하고, 또 하나님의 명령을 따라 그런 대량학살 행위를 실행한다면 이것이야말로 인류의 도덕적 기준을 구약의 청동기 시대로 되돌리는 것이 아닌가? 다시 한 번 묻는데 신자들이 상기 (3)항과 (4)항을 부인하는 것이 과연 합리적이라고 생각하는가? 이것은 앞에서 플라토가 신자들에게 지적한 바와 일치하는 질문이다. 오직 하나님만 아는 상위 개념의 도덕적 원칙에 따라 오늘 날의 인간들이 신의 명령에 따라 대량학살을 감행한다면 도대체 그 상위 개념의 도덕적 원칙이란 어떤 것이란 말인가? 한편으로 그런 원칙이 있다면 자연히 그 원칙은 하나님과 관계가 없는 것이란 말인가 하는 질문을 던지게 된다. 바로 이 점이 이 논고의 핵심적 쟁점이기도 하다. 다른 한편, 크래그(CRAIG)가 논의하였듯이 그 하나님과 또 그가 말하는 상위 개념의 도덕적 원칙이란 것이 도대체 무엇인지 우리는 알지 못하고 있을 뿐만 아니라, 하나님이 우리 대부분 인간들에게는 직접 가르쳐 주지 않았고 또 앞으로도 그런 보장도 없는 상황에서 우리들은 다만 본능적 도덕관만을 가지고 있을 따름인데, 그 본능에 의한 도덕적 기준이란 무시할 수밖에 없는 것이다.(객관적일 수 없지 않은가?) 하나님의 명령이라는 것이 우리의 인간성이라는 관점과는 어긋나는 것이다. 다음에서 자세히 검토해 보도록 하자.

신자들이 주장하는 바에 의하면 상위 개념의 도덕적 원칙은 현재도 작동하고 있기 때문에 그것이 아무리 잔인무도하더라도 하나님의 명령이면 준수해야한다는 것이며, 하나님 자신이 도덕적이기 때문에 그가 하는 것은 무엇이나 도덕적이라는 것이다. 플라토의 지적과는 상반되는 주장이다.

다른 주장을 보면 플라토의 지적과 동일한 것으로 하나님의 명령은 인위적인 것이라는 주장인데 신자들은 이를 부정하는 것이다. 플라토의 관점은 도덕이란 하나님과 무관한 것이란 점이다.

기독교 신자들은 현대 인간의 도덕성은 성경에서 얘기했던 그런 도덕성에서 크게 진화했다고 한다. 현대 인류는 구약의 기독교인들이 생각했던 것보다 훨씬 진화한 이상론을 가지고 있다. 현대인의 이상은 도덕적 권위의 기반에서 하나님이나 그의 요구를 제거하고 있고, 성경의 도덕성을 훨씬 뛰어 넘고 있다.

하나님에 대한 기소장에서 언급했듯이 현대의 모든 원칙의 평범한 사실은 모든 인간은 그들의 정부를 통해서 그 어떤 종교적 신념이나 인종, 윤리, 사회적 소속에 관계없이 모든 인간이 동등하다는 이상에 동의하고 있으며, 하나님의 명령에 따랐든 어쨌든 인간의 모든 행위는 같은 원칙에 의해서 판단된다. 앞에서 제시한 원칙 4가 이를 분명히 하고 있다. 즉, 한 인간이 그의 정부나 혹은 상급자의 명에 의해서 한 행동일자라도 국제법으로부터 자유로울 수 없다.

신자들은 그들의 하나님이 우월하다고 믿는다. 그렇더라도 어느 소수집단에 속한 자가 그들 자신의 신의 명에 의한 것이라도 큰 틀에서의 도덕적 기준에 맞지 않으면 처벌된다. 미국에서는 그 어떤 신앙이라도 형법을 어기는 행위는 인정하지 않는다. 부칙 1조에도 불구하고, 미국의 모든 사람은 예외 없이 형법에 저촉되는 행위는 형을 면제 받을 수 없다. 미국 안의 모든 인간들은 하나님의 명령도 우리의 법률이 인정하는 윤리의 기준을 벗어날 수 없다. 미국은 한 가지 사실을 하나님 위에 올려놓고 있다. 즉, 인간은 도덕적 책임을 벗어나기 위해 하나님을 이용할 수 없다는 사실이다.

브래들리(BRADLEY)교수는 다음과 같은 질문을 하고 있다. 즉, 만일 오늘날의 신자들은 옛날 하나님이 명령한 것과 같이 다음과 같은 명령을 내린다면 그대로 실행할 것인가? "지금 가서 아말렉을 쳐서 그들의 모든 소유를 남기지 말고 진멸하되, 남녀와 소아와 젖 먹는 아이와 우양과 약대와 나귀를 죽이라 하셨나이다."(사무엘 상 15장3절)

이제 여기서 다음 세 가지 질문에 스스로 답해 보라.

(1) 만일 당신이 숭배하는 하나님이 위와 같은 명령을 지금 내리신다면 당신은 하나님의 말씀대로 남녀와 소아와 젖 먹는 아이와 우양과 약대와 나귀를 다 죽일 것인가?

(2) 당신의 하나님이 지금 우리 시대에 그와 동일한 명령을 내릴 수 있다고 생각할 수 있는가?

(3) 만일 당신이 모시는 그 하나님이 위와 같은 명령을 당신에게 내렸다고 믿어지면 그 명령에 순종하겠는가?

만일 당신이 상기 질문 (1)에 대해서 "아니요."라 했다면 당신은 소위 하나님의 말씀인 성경의 권위를 부정하는 것이다. 만일 당신이 상기 질문 (2)에서 "아니요."라 했다면 당신은 당신의 하나님이 자기 명령 방식을 변화시켰다고 생각하기 때문일 것이다. 만일 당신이 질문 (3)에 "아니요."라 했다면 당신은 틀림없이 하나님의 명령엔 복종하지 말아야 한다고 생각하기 때문일 것이다. 따라서 당신은 도덕적 진실은 하나님과 상관없고 경우에 따라서는 하나님과 불일치할 수도 있다고 생각할 것이다. 당신은 대부분의 철학자들이 주장하듯이 윤리란 자발적인 것이고, 우리 스스로의 도덕적 판단에 따라야 한다는 생각을 가진 것이다.

만일 당신이 상기 질문에 대해서 모두 "예!"라 했다면 성경 속의 하나님을 믿는 것은 잘못은 아니지만 도덕적으로는 굴종하는 편이라 해야 옳다. 뉴질랜드 장로교 목사를 그만 둔 내 친구 존 패트릭(JOHN PATRICK)은 많은 동료 목사들이 이들 세 질문에 모두 "예!"라고 답한 것을 보고 충격을 느꼈으며, 원천적으로 착하고, 사려 깊고, 서로를 사랑할 수 있는 인간들을 저들이 숭배하는 하나님의 말씀에 따라 잔인 무도한 집단의 일원으로 만드는 것을 느꼈다고 패트릭은 실토하고 있다.

많은 신자들은 예수의 정열이 예전에 인간을 묶어 놓았던 도덕률을 바꾸어 놓았다는 이유로 이와 같은 딜레마에 빠지면 상기 (2)항을 거부하려고 할 것이다. 이것은 구약과 현대 보편적 도덕관과의 사이에 괴리가 있다는 이야기가 된다. 구약에서 하나님이 인간에게 한 약속은 시간적으로 짧았고, 두 번이나 변했다면 왜 다시금 그의 도덕적 기준을 바꾸지 않는가? 신자들의 입장에서는 3천 년 진과 지난 2세기 동안의 도덕률 간의 차이에 직면하고 있다.

이상의 명제들을 마음에 두고 이제 우리들은 이 논고의 과제를 고려할 차례가 되었다. 하나님이 인간의 도덕적 재판의 대상이 되는가? 분명히 하나님의 명령에 따라 그같이 행동했다고 주장하는 자들을 우리의 대원칙에 따라 저들을 재단

하는 것을 망설일 필요가 없다. 이처럼 만일 이스라엘이 하나님의 명령에 따라서 팔레스타인 백성을 멸절한다고 한다면 이 세상은 들고 일어나 한목소리로 도덕적 분노를 터뜨리고 그런 목적으로 행한 모든 절차를 비난하게 될 것이다. 그렇다면 오늘날 팔레스타인 백성을 소탕하는 행위와 옛날에 가나안 백성, 바샨 백성, 헤쉬본 백성, 메디안 백성 등등 구약 속에 있는 모든 전쟁에서 인간을 학살한 행위와는 어떤 차이가 있는가? 예컨대 오늘날 이스라엘이 국경 지대의 모든 팔레스타인 백성을 대량 학살한 것이 오늘날의 윤리와 배반된다면 3천 년 전에 행한 행위는 도덕적이었단 말인가? 이런 논리란다면 우리들은 그 어떤 전범도 뉘렌버그 재판에 고소할 수 없단 말인가? 여기서 우리는 하나님에 대한 신앙과 성경 속에 문자화되어 있는 진리라는 두 가지 신앙을 지키기 위해서 위에 전제한 그 대원칙들을 포기해야 하는가? 나는 도덕률은 하나님과 무관한 것이고, 따라서 하나님의 명령에 따른 것은 무엇이든 인류 도덕에 위배되는 행위는 고소의 대상이라고 믿는다.

원칙 3은 이렇게 서술하고 있다. 국제법에 위반한 범인은 그가 정부수반이든 또는 정부의 고위관리라 할지라도 국제법으로부터 자유로울 수 없다. 만일 하나님이 정부수반의 상급자라 할지라도 이 원칙에 따라 그를 재판할 수 있다. 모세, 여호수아, 그 밖의 고대 이스라엘 의 지도자들이 하나님의 명령에 따라서 그와 같은 범행을 저질렀다면 하나님도 고소의 대상이 되는 것이다.

여호와하나님에 대한 판결

위에 내가 열거한 구약의 인간들, 즉 모세, 여호수아 등이 이미 죽은 지가 오래 되었다. 따라서 여기서는 오직 하나님에 대한 판결이 남아 있을 따름이다. 전술한 논고가 받아들여진다면 궁극적 판결에 대해서 어떤 의심도 있을 수 없다. 뉘렌버그의 기억들은 아직도 생생하게 살아 있기 때문에 그러한 의혹은 존재할 수가 없다. 유태인들에게 명령해서 엄청난 집단학살을 자행한 범죄들이 상술한 원칙들에 저촉되고 있는 것이 사실이다. 이 대원칙들에 의하면 하나님은 평화와 전쟁범죄와 인간성에 대한 범죄를 범한 것이 명백하다.

하나님은 노아 홍수에 의한 집단학살 후에 "내가 다시는 사람으로 인하여 땅을 저주하지 아니 하리니, 이는 사람의 마음의 계획하는 바가 어려서부터 악함이라. 내가 전에 행한 것 같이 모든 생물을 멸하지 아니하리니(창 8장21절)"라고 한 그의 불공격 언약을 위반하고, 그 후에도 많은 민족을 멸하였다. 그 후로도 하나님은 수많은 전쟁을 일으켜서 평화를 깨는 범죄를 저질렀고, 그는 유태인 군사들을 동원해서 평화스럽게 살 수 있는 주변국 인간들을 살상하는 범죄를 저질렀다.

하나님은 비무장 상태의 유대의 주변국 백성들을 살상하고, 그 백성들을 노예로 잡아다 부리고, 전쟁 포로들을 죽이거나 학대하고, 공사간의 재물을 약탈하고, 전쟁 목적과는 무관하게 모든 도시와 성읍과 마을들을 황폐화하도록 명령한 전범자이다.

하나님은 인간성에 대한 범죄를 저질렀다. 그는 한 민족을 남김없이 집단 학살하고, 처녀들을 잡아다 노예로 만들고, 문명한 인간들을 향해서 비인간적 잔인한 행위를 하도록 하고, 평화에 반하는 상기의 모든 행위들 하도록 명하였고, 전쟁 범죄를 저질렀다.

구약 성경의 하나님은 짐승이다. 수천 년 전 인간의 도덕성을 짐승 상태로 반영하고 있다. 하나님은 대부분의 현대 국가들이 공통으로 동의한 현대적 도덕의 기준들을 범하였다.

우리들 무신론자들의 입장에서는 하나님은 존재하지 않는다고 보기 때문에 사실상 이 재판은 피고가 출석하지 않은 상태에서 재판하는 것이다. 신자들은 이런 주장을 사탄의 논리라고 인정해 오고 있다. 신자들은 하나님에 대한 이 단순

한 도덕적 논란으로부터 도피할 하등의 변명의 여지가 없다. 〈악마의 논쟁〉(Arguement from Evil)에 비하면 이 논고는 매우 간단하기 때문에 더욱 강렬한 것이다.

■ 맺는 말: 인류 양심들의 공동 기도
  (인류의 평화와 사랑을 위하여)

우리들은 죄인의 후손임을 고백합니다. 지금 우리도 그들과 다를 바가 없다는 것도 인정하지 않을 수 없습니다. 그렇다고 창세기에 적힌 원죄를 얘기하는 것은 아닙니다. 우리 스스로 지은 죄를 씻고 싶어서 우리들 다 같이 역사적 부담을 어깨에 메고 자복 회개 기도를 드리는 것입니다. 이 기도는 그 성격이 애매모호한 창조주 예수의 아버지에게 드리는 기도는 아닙니다. 우리들 스스로 인류의 양심과, 인류의 이성과, 인류의 지성과, 인류의 지혜와, 우리가 가진 각자의 뜨거운 가슴 앞에서 한 목소리로 외치는 것입니다. 역사 이래 처음일 것입니다. 저희의 기도는 지금까지 그 흔한 기독교인들이 역사를 두고 달달달 입버릇처럼 입에 붙어서 저절로 나오는 회개의 언어가 아닙니다. 인류 역사 21세기에 들어서서 저 밝은 햇빛과 눈부신 전기 앞에서 눈 가리고 아웅 하는 것이 아니고 서로가 서로의 가슴과 마음을 읽으면서 회개하며 다짐하는 참다운 기도입니다. 우리가 우리에게 약속하는 기도입니다. 낱말 하나하나가 가슴에서 나온 어휘들입니다. 이 기도의 정신을 받들어서 우리는 이제부터 우리의 후손을 위한 세계, 평화와 사랑의 세계를 다시금 창조하려는 제2의 창세기를 다짐하는 기도를 드리고 있습니다.

지금까지 우리 인류는 어디에 있는지도 모르고 그저 하늘에 둥둥 떠 있는 여호와 하나님, 허공에 떠 있는 예수의 아버지에게만 기도를 해 왔습니다. 그 동안 우리 인류의 기도를 단 한 토막이라도 들으셨나요? 그랬다면 인류의 역사가 그토록 피비린내 나지는 않았어야 하는 것이 아닙니까? 2천여 년 인간들로부터 들은 그 쌓이고 쌓인 소원을 단 한 토막이라도 들어 주었어야 소위 하나님의 체면이 서는 것 아닙니까?

오늘 여기 공동 기도에 참여하는 양심들은 허공의 추상적 존재에게 드리는 기도가 아닙니다. 우리가 우리들 스스로의 양심과 가슴에 대고 드리는 기도입니다. 우리들의 이 공동 기도가 하나로 뭉치면 우주를 개조하고 우리 자손들이 행복하고 기쁜 세상이 될 수 있다고 믿는 양심들의 기(氣)를 한

데 모으는 공동 기도입니다. 종교가 인류를 구원하는 것이 아니고 우리 스스로가 사랑과 평화를 통해서 우리 후손들도 평화롭게 살 수 있다고 믿는 것입니다.

우리는 이 책에서 지금까지 예수를 중심으로 종교의 얘기, 예수가 감추어 온 얘기들을 살펴 보았습니다. 예수에 의하면 자기만이 생명이요, 진리요, 구원이라고 주장했으며, 독생자 예수를 통하지 않고는 아버지 나라(천국)에 갈 수 없다고 못 박았습니다. 그리고 또 낙타가 바늘구멍으로 들어가는 것이 부자가 천국에 들어가는 것보다 쉽다고 했습니다. 밥술이나 먹는 자는 아예 천국을 포기하라는 선언이 아니겠습니까? 그렇다면 오늘 현재 천국에는 누가 살고 있고, 지옥에는 누가 살고 있단 말입니까?

천국에는 하나님과 예수와 거렁뱅이들만 있어야 맞습니다. 예수가 그렇게 말한 대로인 것입니다. 그렇다면 지옥에는 누가 살고 있을까요? 전지전능하신 하나님이 창조한 모든 인간들이 거기에 꽉 들어차 있을 것입니다. 수 억 년을 두고 활활 타는 지옥 불이 아니고도 우선 인구 과잉으로 죽을 지경일 것 아닙니까? 하나님의 벌은 영원하다고 예수가 말했다. 이런 종교를 우리가 계속 따라야만 하는가? 현명한 독자들에게 그 판단을 맡긴다.

■ 붓을 놓으면서

 나의 생명과 맞바꾸는 글을 과연 끝까지 탈고를 할 것인가? 중간에 목숨이 아깝다는 생각에 원고 집필을 중간 중간 멈추었던, 비겁하고 나약한 나 자신과 다투면서 오늘 이 마지막 순간까지 왔습니다.
 세상에는 거짓이 참보다 더 위력을 발휘하는 일이 허다합니다. 예수에 관한 것이 그 중 으뜸 되는 예의 하나입니다. 이 책은 기독교인들이 반드시 알아야하고 꼭 읽어야하는데도 불구하고 절대로 읽지 않는 책들, 성경과 신학 서적에는 한마디도 없거나 거짓으로 기록된 것들, 기독교인들이 이 책이 아니고는 절대로 〈참〉, 〈진실〉에 접근할 수 없다고 생각되는 유명한 저서들을 중심으로 요약된 책입니다. 이 책에서는 절대로 저자의 개인적 편견이나 감정을 최대한 자제하고, 역사적으로, 학계에서 인정된 저서와 그 내용들을 간추려서 억지로 눈을 감고 있는 기독교인들의 눈을 뜨게 하기 위해서 쓴 책입니다. 뻔히 흰 것을 검다고 우기고, 없는 것을 있다고, 있는 것을 없다고 생떼를 쓰는 기독교인들의 아집을 바로 잡아서 저들로 하여금 미신적 종교 생활로 인해서 막중한 피해를 보고 있는 것을 바로 잡아주고, 나락에 눈을 감고 빠져있는 불쌍한 영혼들을 건져줘야겠다는 절박한 사명감을 가지고 저술했다는 저자의 심정을 고백합니다. 이 책 속에 거짓이 있다면 저자는 지옥에 가야 마땅합니다. 그러나 이 책을 통해서 대명천지에 눈을 뜨고 거짓으로부터 빠져나와 깨달음의 기쁨을 느끼고 저자에게 고마운 마음을 가지는 독자가 많았으면 더 이상 기쁜 일이 없을 겁니다.

한편 서론에서도 명시했다시피 이 책이 시중에 나가면 기독교 맹신도들에 의한 보복이 있을 수도 있습니다. 이 책은 목숨과 바꿀 각오로 집필하긴 했지만 그렇다고 마냥 무방비 상태로 있을 수는 없습니다. 저자도 인간인지라 생명 보존의 본능이 있기에 이미 호신용 가스총은 준비했고 이 책 출판과 동시에 책 한 권을 본보기로 들고 가서 경찰 당국에 특별 신변 보호도 요청할 생각임을 밝혀 둡니다. 나의 생명을 노리는 기독교 맹신도들로부터 내 생명을 보호할 제1차적 의무는 나 자신에게 있기 때문입니다. 이 책은 종교사회학자로서 한 평생 고민하고, 탐구하고, 독서하고, 자료 수집하고, 분석하고, 기도하고,, 때로 울기도 하고...그렇게 오랫동안 고뇌한 학자의 학문적 고백서입니다. 내 나이 이제 벌써 83세. 이 책이 나의 마지막 저서이기 때문에 이 책과 더불어 나의 이름이 이 세상에 남을 증거품입니다. 내 인생 통틀어 정리하는 저서 속에 양심에 부끄러운 글, 거짓말, 근거 없는 낭설, 학자답지 않은 통설 따위, 욕 안 먹자고 현실과 적당히 타협하는 어리둥절한 내용, 반박이 무서워서 비겁하게 돌려 댄 말...이런 찌끄러기는 이 책 속에 없습니다.

나는 개인적으로 기독교 가정에서 태어났고 77세까지 교회를 떠나지 않고 하나님..예수님과 한 평생을 살아 온 장본인입니다. 고3때 촌음이 아까운 시간에도 교회 새벽 기도를 다닌 골수 예수쟁입니다. 그러다 77세에 신.구약을 통독하기로 작심하고 신약(외경 포함) 두 번, 구약 22회, 토씨 하나 건너 뛰지 않고 통독을 했습니다. 이게 탈이라면 탈이고, 깨달음이라면 참된 깨달음의 기회를 가지게 된 것입니다. 구약은 제대로 읽으면 정신병자가 아닌 한 기독교는 거짓된 종교라는 것을 통열하게 깨닫게 됩니다.

이 경험은 나혼자 만의 경험이 아닙니다. 일찍이 빌리 그람함과 더불어 20세기 최고의 부흥강사였던 찰스 템플톤

(Charles Templeton)은 70대에 들어서 모처럼 시간을 얻어 난생 처음으로(for the first time in my life) 구약을 읽고 기독교의 허상을 늬우치고 남은 생애를 평생 부흥강사랍시고 거짓말을 한 것을 통회자복하면서 기독교 계몽 운동에 여생을 바쳤습니다. 나도 똑 같은 심정입니다. 모태부터 기독교인으로 태어나서 한 평생 기독교인이랍시고 위선된 생애를 살아 온 것을 이 책을 통해서 통회 자복하고 싶은 심정으로 내 생애 마지막 저서를 남기는 것입니다.

이 책을 읽고 기독교 맹신도들은 저자를 저주할 겁니다. 그러나 양심이 홈알 만큼이라도 살아 있는 독자라면 이 책을 통해서 깨닫는 희열을 느끼게 될 것을 확신합니다.

■ 참고문헌

1) 성혈과 성배, 마이클 베이전드, 리쳐드 레이, 헨리 링컨(모두 영국 BBC 원로 기자들), 자음과 모음, 2005.
2) 인도에서의 예수의 생애, 홀거 게르스텐저, 장성규 역, 고려원, 1993.
3) 예수님은 티베트 스님이었다, blog, naver, com(인터넷)
4) 바이블의 진실(성서의 모순과 오류), 이상훈, 인터넷, www/xbible. glad, to.
5) 법화경과 신약성서, 민희식, 블루리본, 2014.성서의 뿌리, 민희식, 블루리본, 2015
6) 기독교 죄악사, 조찬선, 평단문화사, 2000.
7) 성경과 고대 전쟁, 조병호, 통독원, 2011성경과 5대제국, 조병호, 통독원, 2011.
8) 이스라엘 왕국의 역사, 이 희학, 대한기독교서회, 2009. 구약신앙과의 만남, 차준희, 대한기독교서회, 2008.
9) 죄의 역사, 존 포트만 저, 서순승 역, 리더스북, 2008.
10) 인류의 조상을 찾아서 , 스펜서 웰스 저, 채은진 역, 말.글빛냄. 2007.

11) 우주인의 메시지, 라엘 저, 한국라엘리안 무브먼트 편집부 감수, 도서출판 메신저, 2003

12) 바이블 속에 숨어있는 살인과 음란, 정경균, 휴먼컬처아리랑, 2014

13) 여호와 하나님의 범죄, 정경균, 휴먼컬처 아리랑, 2015.

14) The Jesus Papers, Michael Baigent, Harper Collins Publishers, NY 2006.

15) ZEALOT, The Life and Times of Jesus of Nazareth, Reza Aslan, 사라스 히데꼬 역, 예수 그리스도는 실재하였는가(일본어) 문예춘추, 2014.

16) The Lost Years of Jesus, Elizabeth Clare, Bookworld, Se. 인터넷 서적.

17) The Unknown Life of Jesus Christ, Nicholas Notovitch, 인터넷.